ホルモン
大航海時代

ポルトガルと日本で見つけた
自分のための鱈腹《たらふく》レシピ23

馬田草織

はじめに

人はみな、ホルモン大航海時代をゆく小舟のようなもの。
思春期はホルモンの嵐の往路を、
更年期は復路の嵐を進む。男女関係なく。
そして進みながら戸惑う。
婚期とは、結婚とは、家族とは、老いとは。

戸惑いながらも、生きるために料理を作り、食べる。
平日、在宅仕事の合間にぱっと作る昼ごはん。
仕事帰りで慌ただしいときには、すぐできる晩ごはん。
急いでいない夜は、晩酌も兼ねた呑めるごはん。
なんの予定もない素晴らしい週末は、朝はゆっくり起きて朝昼兼用、
午後ものんびり、呑みながら仕込めるものを。

ごく普通に暮らしているだけなのに、
食べるという状況は日々こんなにも違う。

暮らすって雑多。
食べるって多様。

生きるって想定外ばかり。
しかも人間はときとして、目に見えないホルモンというものに、
心や身体を激しくのっとられる。
それはまるで大海原をすすむ小舟が、ひどい嵐で無残に沈みかけたり、
あるいは勢いよく帆に風を受け、誇らしげに進むさまに似ている。

自分の意思や努力とは別に、
ホルモンの仕業や偶然の縁や運命に誘われて、
どうやら私という存在は生きている。

どうせ人生が混沌としているのなら、いっそおもしろがる方がいい。
せっかく手を動かすのなら、できれば自己を満足させたい。
自分の感受性くらいって、あのひとの詩がうたうように。

適当に心地よく。
だって毎日食べるんだから。
たかが料理。
でもそれは、いずれ自分自身になる。

目次

1章

お手本には囚われたくない、料理も生き方も

だってお手本は
誰かが作った
理想にすぎない

お手本の呪い

スマホの画面に映るすらっと背の高いモデルが着る服は、身長１５２㎝の私の参考にはならない。いまから10分間で塾前の娘に夕ごはんを作らなければならないときに、干ししいたけはひと晩水に浸けて戻しましょうと書いてあるレシピは参考にはならない。人にはそれぞれ事情があるわけで、たとえ素敵なお手本を掲げられても、それは私に必要なものとは違う、ということがままある。

自分に必要なものは自分が一番よくわかっている。はずなのに、思えば随分と、自分の本音をないがしろにしてきてしまった。

これまでずっと、どこかの誰かが掲げたお手本という名の、こうあるべき的呪いに縛られてきた。女の子は赤、男の子は黒のランドセルにはじまって、女子の制服はスカート、髪のゴムの色は黒か紺、肩に髪がかかったらゴムで結ってパーマ禁止、社会人になると新人は会社の飲み会に参加必須、そんな場では、モラル欠落上司のコップにビールを注ぎながら、唾と一緒に飛び出す下品なセクハラ発言を華麗な受け身で笑って流さないと、一人前とみなされない。好んで独身でいるのになぜ結婚しないと余計なお世話をやかれ、結婚したら議論の余地なく夫の姓になり、結婚祝いが届いたら、礼状は妻が書くものと言われ盛大にモヤリつつ書いた。そして母親になったら、仕事をしようがしまいがワンオペで子どもを育てることが当たり前とされ、挙げ句、言われなくても当然家事もするという既成概念に囚われてきた。

いつも強烈な違和感や嫌悪感を持ちながらも、おかしいと訴えたり、嫌だと口にすることができないできた。でも、もうこれ古すぎるじゃろ。

はるか昔にどこかの誰かが作ったお手本は、まるで閉店しかけた喫茶店の、もう長いこと放置されたままの食品サンプルのように色褪せて、みすぼらしく埃をかぶっている。立派な産業廃棄物だ。それなのに、いまだ片づけられずに入り口の目立つところに並んでいて、見るたびに心底がっかりだ。これ、片づけますね、私たちで新しいのを作るので。

女にも男にもいろいろいて、人にはそれぞれ事情がある。だから誰かが作った正解っぽいお手本は、もうなんの役にも立たない。人はそれぞれに条件の違う個であり、一般的な人なんていない。なにをどう食べどう生きるかは、本来とても個人的なことなのだ。

生き方を最適化する

仕事を終えて電車に乗り、最寄駅の改札をピッと抜ける。

句読点的な機械音が一日の流れを区切る。夕方5時半過ぎ、帰宅途中の制服姿のティーンに紛れて駅を出る。

今日は思ったより早く取材が終わったから、夕ごはんの準備を焦らなくてもいい。だから気分もいい。そういえば、今日は娘が塾の日だ、早めに夕ごはんを食べさせて塾に送り出してあげないと。久しぶりにわが家の定番蒸し鶏ごはんにしよう。食べたい味をイメージすると、これから取りかかる夕ごはん作りのゴールが見えて心がふっと軽くなる。

駅前に停めていた電動アシスト自転車の電源を入れて、ゆっくり漕ぎ出す。目指すはいつものスーパーマーケット。夏の匂いが微かに漂いはじめるこの時季は、陽の光のあたたかさが溶け込んだ風が心地いい。小さな公園のそばを通ると、幼い子どもたちのはしゃぐ声が弾んでいる

そのうちにあちこちの家から、夕餉《ゆうげ》の匂いがしてくるだろう。カレーやシチューになる可能性を秘めた、玉ねぎやじゃが芋を炒める匂い、揚げものや炒めものを連想させる、ごま油の香ばしい匂い、しょう油と砂糖でなにかを煮ている、甘辛い匂い。どれもがそれぞれの暮らしを淡々と支える、生きるための料理の匂いだ。あと少ししたら、きっとそれらを楽しみに、公園の子どもたちも家に帰るのだろう。

目当てのスーパーマーケットに入るとカゴを取り、素早く売り場をまわりつつ、必要なものを手に入れる。鶏もも肉に大葉と長ねぎ。しょうがとレモンは家にあるから大丈夫。お、鶏のレバーとハツに値下げシールが貼ってある。ついでに砂肝も買って、つまみは鶏もつのさっぱり塩煮で決まり。こうやって買い物をしながら、ワークモードからライフモードに頭を切り替える。

ここ数年は、家に帰ったら滅多なことがない限り、夜は仕事をしないと決めている。以前のように

夜遅く突然原稿の修正を頼まれても、もう慌ててパソコンは開かない。まずは先方に、翌朝に対応すると伝えることにしている。ようやくそう言える勇気を持てるようになったのだ。社会の空気も、10年前とは変わってきたと感じる。

　もう長いこと、自分の時間を暮らしより仕事優先に使い、自分自身を追い込むような仕事の仕方をしてきた。そうしないと、フリーランスの自分はキャリアが途絶えると思っていたのだ。

　娘が保育園児の頃は夜は一緒に寝落ちしてしまうので、朝の4時に起きて原稿を書いていた。きついけど、なんとかやれる。そう過信していた。でも無理だった。人間は動物だから、心にも身体にも許容に限界がある。毎日自分の心や身体の本音を無視していると、もう傲慢なあんたにはつき合い切れないと、ある日心や身体がボイコットをはじめる。突然歯が痛くなったり、耳が聞こえなくなったり。そして自分の意思とは関係なく、いつか本当に倒れてしまう。ある朝起きると、まっすぐ歩けなくなっていた。その日は娘の保育園の芋掘り遠足だったので、必死に弁当を作って詰め、近くに住む両親に電話をして保育園まで娘を送ってもらい、精魂尽き果てた私はベッドに直行した。なにも食べていないのに、吐き気が止まらなかった。それから3日間、世界がぐるぐるとまわりっぱなしだった。心と身体の限界を、自分の身体が教えてくれたのだ。だからもう、無理をしないと決めた。

　なにを一番大切にして生きていくべきか。倒れてあらためて考えた。簡単だ。まずは自分自身を、そして大切な誰かをだ。

これまでの私のワークとライフのバランスってやつは相当歪んでいた。だから思い切って変えることにした。状況に合わせて、生き方を最適化するのだ。幼児を育てるという仕事を担っている間は、かつてのようにフルスロットルで仕事をしたら倒れる。どうするか。

娘が保育園に通う間は、自分の仕事の出力を30％に下げることにした。その代わり育児は１００％だ。ひとりでは決して生きていけない幼い人間を育てる役割の方が、いまははるかに重要な仕事だ。私の人生はまだまだ続く。だから２つの仕事を持っている間は、生き方を常に最適化すればいい。倒れてはじめてそんな大事なことに気がついた。

鶏もつを塩味で煮る

買い物を終えて6時過ぎに家に着くと、エコバッグから買ったものを取り出し、所定の位置にしまう。ビールは自転車で揺れた分勢いよく泡が吹き出るので、なだめながらコップに注ぎ、とりあえずひと口呑む。

鶏もつ類はパックから出してさっと洗い、切って血の塊や汚れをとって再び洗い、ざるにあげて水気を切る。鶏もも肉はキッチンばさみで脂を適当に切り、厚みをならして軽く塩をふる。耐熱の器に長ねぎの青い部分を並べてその上に鶏肉をのせ、あれば昆布をおいてしょうがの薄切りを散らし、酒をふってラップをかけ、レンジで数分蒸す。

時計を見ると6時20分。娘に夕ごはんを出す時間は6時45分がリミットだから、まだ米が炊ける。厚手の鍋に米を入れ、蒸した鶏肉の蒸し汁を計量カップに注ぎ、酒を加えて必要量の水を足して鍋に加える。あとは火にかけて沸くまで数分、沸いたら弱火で10分ほどかける。

炊いている間に鶏もつを煮る。鶏もつ煮は甘辛い味をイメージしがちだ。でも待てよ、その味本当に好きだっけ。いつの間にか鶏もつは甘辛く煮るものという思い込みに支配されていたけど、そうだよ、ほんとは私、さっぱり塩味が好みじゃん。それなら食べたい味にすればいい。思い込みに気づいて以来塩味で作ることにしたら、塩味好きのわが家の定番になった。料理も、随時最適化が必要だ。

鶏もつを火にかけて仕上げると、そろそろごはんも炊けたはず。鍋のふたをあけ、ごはんの上に蒸した鶏と長ねぎとしょうがをのせて布巾をかませ、あと少し蒸らす。

と、ピンポンが鳴る。娘が帰ってきた。なんとか間に合いそうだ。ゴールはあと少し。コップにビールを注ぎ足し、仕上げにかかる。

蒸し鶏ごはんはここからが大事だ。鶏としょうが、長ねぎを取り出し、鶏は食べやすく切る。長ねぎとしょうがは刻む。大葉も刻む。これらを炊いたごはんに加えて軽く混ぜ、和風ハーブごはんにする。器に盛って蒸し鶏をのせるが、レモンはまだ絞らない。娘が着替えて部屋から出てきたら、レモンをたっぷり絞ってはいよと出す。食べるときはよく混ぜてねと言い添える。

ひと口食べて、うまっ、と言う娘。そうでしょうよと静かに頷き、にんまりする私。何度となく繰り返し作っているこの料理は、わが家の定番だ。鶏もつは煮汁からあげて器によそい、仕上げにごま油をひゅっとまわしかける。これにて夕ごはん作りの任務完了。さあ、ビールも呑み終わったし、ワインに移ろうか。

自分のためにある、なんてことのない日々のごはん。自分にしっくりくる食事ほど心を満たすものはない。日々のごはんこそ、我がままに作るのだ。

さよならから、はじめる

こんな感じで料理はまあうまくやれる方だが、結婚はそうはいかなかった。実に無念だ。

さあまずいものを作ろう、と思いながら料理する人はいない。よし離婚するぞ、と思いながら結婚する人もいない。誰でもはじめるときは、どちらもうまく完成させたいと思う。

だがしかし。私の結婚は、最終的にどうにもうまくいかなくなってしまった。

何度も軌道修正を試みたが、このメンバーでこれ以上続けても、もういいものが作れないと気がついてしまった。昔はあんなにいい音楽作ってたのに、と惜しまれて解散するバンドが世界にあまたあるが、言ってみれば夫婦もバンドのようなものだ。ノリで結成してあっという間に解散もあれば、くっついたり離れたりで、結局長年再結成を繰り返すものもある。一緒に活動してみないと、どう転ぶかなんて誰にもわからない。ましてや当人たちおやだ。

この世には、努力してもどうにもできないものがたくさんあるが、そのひとつが人の心だ。

誰しも自分の心に嘘をつくのは辛い。問題があるのに、なかったかのようにして続けることは自分を傷つけ続けることになる。そんなことをしていたら、いつか本当の自分は死んでしまう。それで自分や一緒に暮らす家族は幸せになれるのだろうか。当時、私は娘を産んで母親になったばかりだった。だからことさら悩んだ。

自分に正直になる、というフレーズをよく聞くけれど、本当にそうすることは、ものすごく勇気がいる。正直な気持ちのとおりに動ける人が、いったいどのくらいいるのだろう。

そもそもその気持ちどおりに動いても、人生がうまくいくかはわからない。だから不安だ。

料理ならまだしも、人生はできれば失敗したくない。失敗するくらいなら、いっそ現状維持でやり過ごす方がましなのかもしれない、と思ったりもする。それもひとつの考え方だ。

考えて考えて、もうほかに違う答えは見つからないというまで考えた。そして私は、やはりこれは一から作り直さねば、と思ったのだ。結婚を、ではなく、自分の人生を。

離婚にまつわるすべては負に満ちていた。一番傷つけたくなかった相手の心を、互いにえぐるようなことだった。でも、実は傷つけ合うこと以上に厄介だったことがある。それは、まるでなにかの罪を犯してしまったかのような、自責の念に駆られたことだった。

もう打つ手がないとわかったとき、必要なのは自責の念などではない。うまくいかなかったことを省みることは大切だが、自分を責める必要はない。自責の念は自分を消耗するばかりでなにも生まないのだ。この道の先には求める将来がないとわかったとき、人間にもっとも必要なのは、それまでの愛着と訣別し、なにもないところから裸でやり直す勇気だ。

それからは、たくさんの人に助けてもらって、自分なりに人生を作り直していまに至る。いま私の毎日には、その当時思いもしなかった新しいメニューが加わっている。新しい仲間も集ってくれている。だから思うのだ。あのとき勇気をふり絞って、本当によかった。あのとき思い切ってさよならしたからはじまったことが、たくさんあるのだ。そしてもっとも大切なこと。それは、結婚したからこそ離婚があるということだ。

結婚がうまくいっていたときに確かにあった満ち足りた日々は、離婚したからといってなかったことには決してならない。あのとき噛み締めた望外の喜びは、突然消えたりはしない。だから、それをちゃんと大切にしながら、別々に生きていけばいい。それぞれに、新しい生活を作ればいい。

そうやって、さよならからまたはじめればいいのだ。

伝言ゲーム（味の）

その後たくさんの人が私の人生に関わってくれたおかげで、いまはありがたいことに、ごく普通に暮らしている。いまの仕事は文章を書くことと、料理を作ることだ。

出版社から独立し、フリーランスになって15年以上が経つ。料理人や食材の生産者、酒や調味料の醸造家、農業や漁業に携わる方々などから話を伺ったり、食材や料理について取材し原稿を書いたり、ときには自分の暮らしに関する文章も請われ、書くようになってきた。さらにここ数年は、ポルトガル料理の研究家という肩書きで料理を作る仕事もしている。

文章を書いて料理をしてと、ちょっと珍しい仕事のありようだが、考えてみると、小さい頃から知らない味への興味が強かったように思う。

小学1年生のある日、学校で毎月配られる学年だよりに、はじめて自分の短い文章が載った。タイトルは、たしか「おいしかったたいみそ」だ。父が買ってきた、小瓶に入った甘い味の鯛みそを、あったかいごはんにのせて食べたらおいしかった、というような内容だ。当時から、おいしかったものの感想を誰かに聞いて欲しい性《さが》だった。

小学2年生の夏休み、母の故郷である北海道の江差という海沿いの町で、同い年の親戚や地元の子どもたちと遊んだ。海まで行くと、真っ黒に日焼けしたみんなが海パン一つでどぶんと潜り、まもなく黒くて棘だらけの謎の物体を獲って海から上がると、その場で殻を割って中身を食べさせてくれた。生まれてはじめての生のうにだった。

指先にちょこんとのせたオレンジ色の濡れた身は、よく見ると小さな粒々が弾けんばかりだった。なんだか気味が悪いが、みんなが食べろとすすめてくれる。少しだけ口に入れると、甘くてフルーティーでほんのり潮の塩味がのっていて、舌が溶けるかと思うほど濃厚なうま味はほとんど事件だった。あのときの言葉にならない衝撃が、いまも知らない味への興味を引き出してくれているように思う。

おいしいものは、いつも誰かが教えてくれる。

だからその味は、教えてくれた人と一緒になって、私の記憶に残っている。

それで私もつい、また別の誰かに教えたくなるのだ。それが私の、いまの仕事の核になっている。

レンチン蒸し鶏ごはん

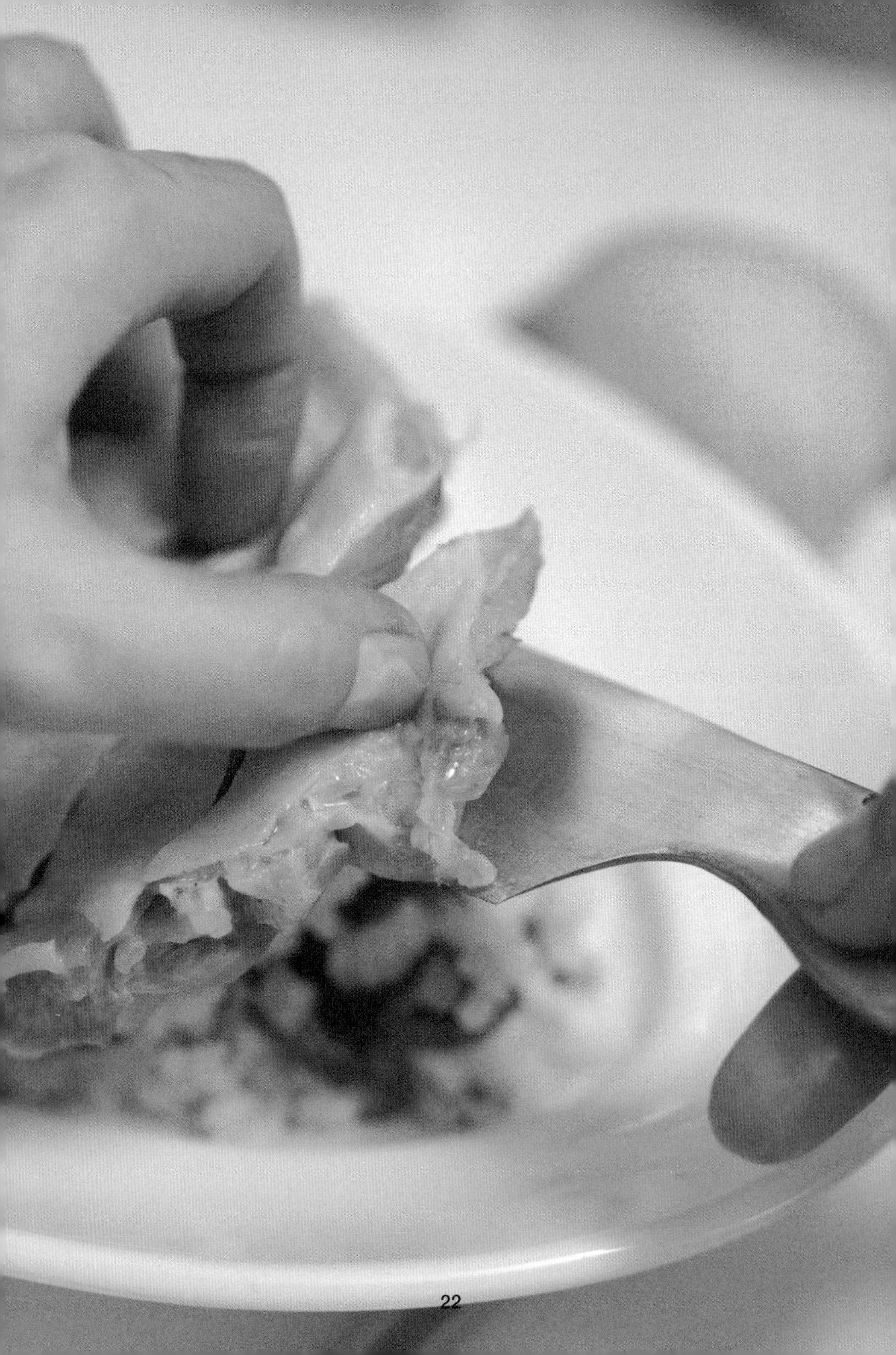

幼児と酒呑みからは目が離せない。あやつらは隙あらばなんでも口にする。家庭内の要注意人物から目が離せないとき、ガスコンロでの料理はちと危険。要注意人物に気を取られているうちに、すぐ焦がしたりするからだ。

一方で、電子レンジは心底頼れる。時間とワット数を指定すればあとは黙々と加熱し、でき上がるとチンと鳴って止まり、じっと待っていてくれる。忠犬ならぬ忠レンジ。忙しくて取り出すのを忘れていると、ピーピー鳴って「もしや私をお忘れでは」と教えてくれる。どんなときも文句を言わず、指示どおりに粛々と任務を果たすきみ、最高だよ。

丁寧な暮らしとか言っていられない人生の荒波期に、レンジは欠かせない相棒。蒸すのとほぼ同じ仕事をしてくれる。そして蒸しものには、ややこしい味つけは必要ない。塩と胡椒、酒、ごま油やオリーブオイルに柑橘果汁。それらに長ねぎやしょうがなどのアクセントをつければ、シンプルで飽きのこない食事ができる。この料理も、保育園から戻って急いで夕ごはんを準備しなければいけない荒波期に生まれた。

鶏もも肉と米、長ねぎとしょうが、おいしい料理酒があればいい。大葉と柑橘類があれば言うことなし。季節を問わず定期的に食べたくなる、何度食べても飽きない味なのだ。

材　料　作りやすい量

鶏もも肉……… 大1枚（400g）
米（洗って水を切る）……… 1合
長ねぎの青い部分……… 1本分
大葉……… 6枚
しょうが……… 1片
レモン……… 1個
酒……… 大さじ3
塩……… 適量

作り方

❶ 鶏もも肉はキッチンばさみなどで厚みを均一にし、皮目にフォークで穴を開ける。しょうがは薄切り、大葉は千切りにする。肉に塩をまんべんなくふる。

❷ 耐熱皿に長ねぎの青い部分を置き、皮目を下側にして鶏肉をのせ、しょうがを散らして酒をふり、ラップをかけて電子レンジ（600W）で5分ほど加熱。そのまま予熱で蒸らし、中まで火をとおす。蒸し上がったら蒸し汁は取り分けておく。

ラップはすぐ取らない。ちょっと待つ。

❸ 鍋に米を入れ、②の鶏の蒸し汁に水（分量外）を足して1カップ分にして加え、味をみて塩で調える。最初は強火で沸くまで数分、沸いたらごく弱火にして8～10分炊く。

※レンチンした冷凍ごはんを使う場合は、熱いうちにごはんに②の蒸し汁を混ぜておく。

❹ 火を止めてふたを開け、ごはんの上に②の長ねぎと鶏肉をのせる。布巾をかませて再度ふたをして5分蒸らす。蒸らし終わったら鶏肉と長ねぎ、しょうがを取り出し、鶏肉は食べやすく切り、長ねぎ、しょうが、大葉は細く切る。

❺ 炊き上がったごはんに④の長ねぎとしょうが、大葉を加えて軽く混ぜ、器に盛って鶏肉をのせる。食べる直前にレモンをたっぷり搾り、混ぜながらいただく。

混ぜすぎ禁止。

鶏もつ塩煮

焼き鳥屋に行っても焼肉屋に行っても、親子で頼むのは全部塩味。だからわが家のもつ煮が塩味なのは、自然なことではある。

レバーは大きめ、はつは半分、砂肝も半分に切る。ボウルに溜めた水をぐるぐるかき混ぜ、その中にもつ類を入れて血の塊や汚れを洗い、ざるにあげて水気を切る。ここさえしっかりやれば、あとは楽勝。キッチンペーパーでしっかり水気をふいたもつ類を小鍋に入れ、長ねぎの青いところとつぶしたにんにく、薄切りしょうが、煎り酒（なければ塩）と日

本酒をたっぷり加え、水をひたひたまで注ぐ。弱火でことこと数分。アクを取ったら表面が乾かないようにラップで覆い、冷ましながら味を染み込ませる。強火で煮すぎるとレバーが固くなってしまうので、そのへんは加減して。

作り置きおかずの類を意識して作ることはあまりないが、このもつ煮は日が経つと味が染みてくるので多めに仕込み、数日楽しむ。ちなみにもつは数種類でなく単品で作ってもよく、ハツだけで作るときは、ハツからいい出汁が出るのでそのままスープにしてもいい。刻んだ長ねぎとハツをいくつか取り分けてかき玉で仕上げれば、おいしいハツの卵スープになる。

材　料

鶏もつ（レバー、ハツ、砂肝など）
　……… 300g
にんにく薄切り ……… 1片分
しょうが薄切り ……… 1片分
長ねぎの青い部分 ……… 1本分
日本酒 ……… ½カップ
煎り酒 ……… 大さじ2
塩、胡椒 ……… 各適量

作り方

❶ レバーはひと口大、ハツと砂肝は縦半分に切り、冷たい流水でよく洗って血の汚れなどをよく掃除し、水気をふきとる。

❷ 小鍋に薄切りのにんにくとしょうが、長ねぎはそのまま入れ、水1カップ（分量外）と日本酒を入れて強火にかける。

❸ 沸いたら火を止め①の鶏もつと煎り酒を加える。ときおり混ぜつつアクを取り、ごく弱火で5分煮る。火を止めそのまま粗熱を取りながら味を落ち着かせて完成。器に盛り、ごま油をひゅっとふる。残りはスープごと保存容器で保存する。翌日以降味が染みるとさらにおいしい。

あの鍋

これさえあれば安心。

38歳で子どもを産むまで、自分の成分の8割が仕事だった。大学卒業後に入った出版社では、いつも夜中まで働いて深夜に呑みにいき、ど深夜に帰った。文字どおりの激務だった。でも若くてエネルギーはあり余っていたから、週末になるとどこかに集まっていた。誰かの家の狭いキッチンで山盛りすぎるパスタを作り、食べながら好き放題に喋っていると、仕事の失敗や悩みも一旦保留でき、とりあえずいまは楽しいからいいじゃないか、なにも職場と仕事が世界のすべてではないと心から思えた。

その当時よく作っていたのがこの鍋。自作の辛めの味噌だれが仲間うちでちょっと人気で、寒くなると「あの鍋作って」とよく言われた。炒った白ごまを小さなすり鉢ですり、そこに味噌とおろしたにんにく、豆板醤を加える。味噌はなんでもいいが、白味噌を使うと甘みも足されてそれもあり。鍋の具もなんでもいいが、豚しゃぶや鶏団子、葛切り、葉野菜に豆腐あたりがレギュラーメンバー。人生ではじめて、人からこのレシピを教えてと言われた料理だ。

いまでもこの鍋を作ると、破茶滅茶で刹那的で自意識のオバケだった20代30代をふと思い出し、いたたまれなくなる。若いってあまりに不遜で致命的に恥ずかしい。でも一方で、それに気がつかないほど楽しくもあった。あの頃の出来事を全部まとめて煮込んだら一体どうなるだろう。鍋が耐えかねて爆発しそうだ。

材　料

薄切り豚肉、青菜、豆腐、うどんなど好みの鍋の具 ……… 各適量

◎ピリ辛にんにく味噌だれ

白ごま ……… 大さじ 3

練りごま（あれば）……… 大さじ 1

にんにく ……… 大 1 片

豆板醤 ……… 小さじ 2

味噌 ……… 大さじ 3

作り方

❶ ピリ辛にんにく味噌だれを作る。にんにくはすりおろす。白ごまは小鍋で弱火にかけて炒り、ぱちぱち弾けたらすり鉢に入れすりこぎでする。残りのたれの材料を入れてよく混ぜる。豆板醤は好みで辛さを調整する。混ぜたらたれが完成。

❷ 鍋に水と昆布（分量外）を入れて沸かし、好きな具を煮る。取り皿に①の味噌だれを少量取り、鍋の出汁を少し加えて伸ばし、肉や野菜をからめていただく。どんな具もよく合うが、おすすめは薄切り豚肉、豆腐、レタス、春菊、うどんなど。

ワンボウルたらこパスタ

会社を辞めて独立してからも、仕事は食に関することを選んだ。無名のフリーランスはなんでもやらせてくださいスタンスだから、編集者になり、ライターになり、ときに写真も撮った。国内外問わずどこでも出張した。そして、幸いなことに縁があり結婚し、出産した。まだなに者でもない自分。すぐに仕事に戻りたかった。祈るような思いで娘を保育園に入れる準備活動をし、貴重なひと枠を手に入れ、その間に離婚し、家を引っ越し、1年の産休を経て仕事を再開した。

そしたらなにもかもが一変した。これまで友人知人がそつなくこなしているように見えた母親業は、全くの異世界だった。みんな黙々とこの苦行を乗り越えてきたのか、しかも仕事しながら。すごすぎる。てか無理だよこれ。起きてから寝るまで、息継ぎなしのクロールを延々泳ぐような日々がはじまった。これま

ゆで汁の熱でバターは溶ける。

でのような時間の使い方はもうできない。まして料理に時間をかけられるということは、実はとても贅沢なことなのだと痛感した。

そんな状況でも、毎日生きていくために食事は用意しなければならない。結局、ワークもライフも息継ぎなしで、一日が終わる頃にはいつも気絶するように寝ていた。そんな頃によく作ったのがたらこパスタだ。保育園の帰りがけに娘にせがまれて、たらこを買いにスーパーマーケットに寄ることもあった。パスタさえゆでれば、あとはボウル一つでできる。しかも、これなら娘がもりもり食べてくれる。早く食べなさいとか言う必要もない。なんならおかわりプリーズと嬉しそうだ。喜んでちゃんと食べてくれることほど、ありがたいレシピはない。食べる人が機嫌のよくなるレシピは、一種の救いだ。言い合いなどで険悪になっていた空気を、できたての料理が瞬時に変えてくれたりもするのだから。

材　料

パスタ ……… 80g

たらこ（または明太子）……… ¼腹

バター ……… 大さじ１

刻み大葉、塩、七味 ……… 各適量

作り方

❶ たらこは薄皮を切って身をこそげ出し、バターとともにボウルに入れる。

❷ パスタは袋の表示どおりにゆでる。ゆで汁にボウルの底を少しあててバターを柔らかくし、たらこと混ぜてペースト状にしておく。こうすればたらこがパスタにまんべんなくからむ。

❸ パスタがゆで上がったらしっかり水気を切り、②のボウルに入れてからめる。味をみて塩で調え、大葉を加えてさっと混ぜ、器に盛り、七味をふる。

2章

米で呑む国、ポルトガル

ひとり訪れた先で見つけた
新しい価値観

35歳、ひとり大航海時代

35歳で10年働いた出版社を辞めた。生き方に迷い、ひたすら悶々《もんもん》としていた。

大学を出て念願の出版業界に入り編集者になり、純ブラックな環境で毎月ゾンビみたいな顔で徹夜の校了明けを迎えてもなお、編集の仕事は楽しかった。幼い頃から本や雑誌で育ってきた自分には、この仕事は天職だとすら思っていた。ただ、仕事をすればするほど自分の興味の範囲も広がっていく。もっといろんな人や事や物を取材したい。知らないことを知りたい。会社を辞めてフリーランスになったからといってうまくいく保障はどこにもなかったが、辞めずにそのままでいることの方がもっと恐ろしく、飛び出すことにした。

会社を辞めた解放感はほんの一瞬だった。冷静に考えれば、仕事も収入も不確定要素だらけのなに者でもない自分。いま新聞に載ったら、（35歳・無職）だ。果たしてこの先やっていけるのか、なんて考える暇があったら、私を使ってと売り込みにいくしかない。

あるとき、仕事のご縁をいただいた雑誌の編集長と自己紹介がてら話をしていたら、「馬田さん、この先フリーでやっていくなら、自分の名前で1冊本を出した方がいいよ」とアドバイスされた。もちろん書いてみたい。まだ誰にオファーをもらったわけでもないが、なにをテーマにしようかと考えてみた。すると、不安より期待の方が高まった。ふと、10年以上前に訪ねたポルトガルが頭に浮かんだ。ヨーロッパの最西南端、スペインの隣にちょこんとあるポルトガルの第一印象は、地味だがあたたかい国。有名な料理はないが、パンやチーズ、ワインなど、庶民の生活に欠かせない基本の食べ物が安くてとてもおいしかったのだ。あの国はいまどうなっているんだろう。

　下調べに在京のポルトガル大使館を訪ねると、そこで図鑑のような料理本に出会った。これが運命だった。その本は、マリア・ルルデス・モデストというポルトガル人料理家が、全国の何千という郷土料理レシピを20年かけて試作し、最終的に８００に絞って掲載した図鑑のような本だった。北から南まで地方ごとに紹介され、ページの半分は写真が占める。料理以外にも、賑やかな市場や漁港、輝く海や山、川で魚を獲る男女、吊るした豚を解体する男たち、キッチンで腸詰を作る女たちなどが次々と現れ、ポルトガルが豊かな食文化を持った国だということが旅するように感じられた。なんて魅力的な土地なんだろう、あとは取材に行くだけだ。そうやって、ポルトガルの取材旅がはじまった。

　ポルトガルの食を探る中でもとりわけ嬉しかった発見は、彼らが米料理でワインを呑むという事実だった。鴨の出汁で炊き込んだしっとり鴨ごはんには赤ワイン、魚介のうま味たっぷりの汁だく雑炊には白ワインや緑のワイン。コロンブスが新大陸を発見したように、私も見つけたぞ、米で呑む国ポルトガル。ひとり大航海時代のはじまりだった。

女たちの厨房

何度かポルトガルを訪ねては食の雑誌に記事を書くうちに、もっと集中して徹底的に取材したくなった。当時はフリーで定期の仕事もなく、結婚はしたもののケアすべき家族もいなかったから、旅する時間ならたっぷりあった。行くならいましかない。これまでお世話になった友人知人を頼りつつ取材先をいくつか決め、チケットの安い時期を狙って１ヵ月間、ポルトガル各地の郷土料理を調べる旅に出た。宿はホームステイや友人の家、取材先のレストランの寮などにお邪魔した。仕事への着地点はまだなにも決まっていなかったが、行けばなにかが変わる気がした。いや、変えたかった。すべては初期衝動のなせるわざ、勢い任せだった。強いて言えば、自分で自分に仕事を発注したということだ。

知りたかったのは、市井の人が食べている日常の味や、その土地の生活が透けて見える料理だった。実際に行ってみると、都会のリスボンやポルトの食堂にも昔ながらの料理が残っていたし、地方はさらに魅力的だった。１ヵ月間、できる限りたくさんのポルトガル人から料理を教わりたくて、ホームステイ先のご夫婦からその友人、親戚家族、さらにはその知り合いの郷土料理研究家、人気だと聞いた食堂やレストランのシェフや料理人、あるいはたまたま立ち寄った店の厨房なども覗かせてもらい、ひたすら料理を教わった。

そして、何軒もレストランを訪ねているうちにふと気がついた。どの厨房も、仕切っているシェフは圧倒的に女性だったのだ。それこそが、昔ながらのポルトガルのレストランの特徴だった。とくに地方に行くほど、厨房で料理する人は女性ばかり。一方、フロアでサービスを担うのは夫や家族や親類縁者。家族経営の店が多かった。私が訪ねた限りでは、チェーン店は当時はひとつもなかった。

さらにレストランのメニューを見ると、家庭料理とレストランで出している料理の種類にあまり違いがなかった。この国の定番料理は、その地域の地理や歴史が生んだ自然発生的で素朴な郷土料理が大半で、しかもいまも人々の暮しの中で作られ食べられているものだ。料理だけがひとり歩きしてファッション化することもなく、とくに流行りもない。星も関係ない。むしろ新しくないということに価値があるように私には映った。東京ではいつも、目新しいもの、ひねりのあるものが求められる現場にいたから、変わらないということ自体が魅力という価値観は新鮮だった。私自身、改めて料理と人とその暮らしの関わりについて、考え直させられた。

暮らしの中で自然と淘汰され残っていくその土地の料理とは、時代に合わせて少しずつ変化しながらもいつも日常的に求められ、世代を越えて愛されてきたものだ。つまり人々が心から求める、なくてはならない必然だった。そして私は、そういう料理にこそ強く魅《ひ》かれた。異国だからこそ、客観的に見ることもできたのだろう。ポルトガルの郷土料理を、もっと知りたいと思った。

ルシア姉さん

ポルトガル料理探訪でもっとも刺激をもらった人が、シェフのルシア・ラモスだった。ルシアは北部のアフィーフェという小さな海沿いの街で、地元で人気の郷土料理レストランを夫のルイスと経営していた。

朝から活力がみなぎっている女性で、料理人らしく超現実主義者。彼女には料理はもちろん、生き方についてもずいぶんと教わり、かつ突っ込まれた。私はルシアの店の近くに宿を取り、朝から晩までレストランの厨房に入れてもらっていた。彼女たちが作っている料理をすぐそばで質問してはメモし、写真を撮り、味見をさせてもらう。ときには調理を手伝ったりもした。

ルシアは小学生の娘と料理学校に通うティーンの息子を育てる母親でもあった。朝は2階の自宅で朝ごはんを家族に食べさせ、それが終わると1階の店に降りてきて、助手のローザとすぐ仕込みに入る。まず最初に、料理に欠かせないラードを作る。大きな豚の背脂の塊を水と一緒に大鍋に入れて火にかけ、脂が浮いてきたら火を止め、冷めて固まったでき立てのラードを保存容器に移す。さらには大きなたこを煮たり、がちがちに固い干し鱈を水に浸けて戻したり、魚介のあらで出汁を取ったり、野菜を洗って切って炒め、レフォガード（北部ではエシュトロジード）と呼ばれる香味野菜のベースを作ったりしていた。

12時にランチがはじまると、ちょっとした戦場になった。客はみんな昼からよく食べるしワインもよく呑むから、夫のルイスも料理を運び、ワインを選び、客と話をしてと、サービスも忙しくなる。客が引けるとすぐ片づけて、今度は15時頃から自分たちの賄いを作って食べ、厨房をすっかり掃除して3時間ほど休憩する。そして20時頃から夜の営業がはじまるのだ。しかもその前にルシアの子どもたちが学校から帰ってくるので、隙をみて夕ごはんの準備もする。ルシアは文字どおり動きっぱなしだった。あなたはまるで移動と料理を繰り返す料理ニンジャだと言ったら、彼女は笑ってサムライじゃないのかと聞いてきた。いや、こんな芸当を毎日繰り返せるのは断然忍者だ。忍術でも使わなければ、到底このルーティンはこなせない。

ルシアは私に、毎日店で出す定番料理を教えてくれた。なかでも〈鴨ごはん〉は一番人気のようで、入ってくる客が挨拶代わりのように、今日は鴨ごはんある？　と聞いていた。

鴨ごはんは手間がかかる。

まず、朝から捌《さば》いた鴨を自家製のラードで丸ごと揚げ、揚げた鴨を玉ねぎやにんじんなどの香味野菜と赤ワインでじっくり煮る。ここまでが午前中の仕込み。ランチを挟んで味が染み込んだ鴨を鍋から引きあげ、その肉を細かく手でほぐす。煮込んだときのスープは取っておく。で、夜に注文が入ると、玉ねぎとにんにくを炒めたレフォガードと米を炒め、鴨を煮たうま味たっぷりのスープでごはんを炊き、炊き上がったら陶器の器に、味の染みたごはん、ほぐした鴨肉をのり弁のように重ね、仕上げに腸詰を飾ってオーブンで焼く。注文から1時間近くかかる料理だが、みんな承知で誰もまだかと怒らない。味は言わずもがな、とびきりだった。

　ほかにも、たことじゃが芋のオリーブオイル焼き、干し鱈ソテーの玉ねぎソース、じゃが芋と玉ねぎとケールの緑のスープ、魚介のスープで炊いたごはん、菜花とソーセージのごはん、デザートには米をミルクとレモンで煮たアローシュ・ドースや揚げたフレンチトーストのようなラバナーダシュなど、これは知っているか、これは食べたことがあるかと惜しみなく作ってくれた。毎日が合宿のようだった。

で、サヨーリはなにが大事なの？

　レストランの休憩時間になると、ルシアは私を助手席に乗せて、海沿いの隣町までお茶に連れ出してくれた。

　気さくな現実主義者であり、常に好奇心が爆発寸前くらいにぱんぱんで、発言も質問も容赦がないルシアとのお茶タイムは、万事に遠慮がちな日本人マインドのままではとても対等に会話できない。すぐにそう悟り、私も次第に思ったことを率直に言うようになっていった。

　カフェに座ると、いつもルシアからの質問攻めだった。最初は面食らったが、このあけすけな会話が彼女との距離を縮めることにもなった。

まずは私のこの取材旅がどうやってお金に結びつくのか、いくらくらいの儲けになるのかという商いに関する質問からはじまって（もちろんこの時点では本になるかまだわからなかったので、本を書くとどんなふうにお金が入るのか印税の仕組みを説明）、東京の最低賃金はいくらか、東京の家賃はどれくらいか、東京の美容院でカットするといくらかかるのか、ネイルはいくらか、ランチはいくらくらいが相場か、ところで歯のホワイトニングは日本でも盛んなのかと、いま彼女が興味を持っていることや思いついたことを順不同でぐいぐい聞いてくる。そしてもちろん、私個人への質問も遠慮なく率直だった。

「で、サヨーリ（ポルトガル人がさおりを発音するとそう聞こえる）はいま何歳なの」

「35歳」

「結婚してるの？」

「してるよ、昨年したばっかり」

「え、新婚じゃない！」

「そうだね」

「子どもは？」

「いないよ」

「考えてないの？」

「や、そういうわけじゃないけど……」

異国の年上姉さんは質問のペースを緩めない。そもそも質問の根底にあるのが愛と好奇心ゆえだから躊躇なく、前のめり気味にがんがん攻めてくる。

「子どもを考えてるなら、こんなポルトガルの端っこで私とお茶してる場合じゃないでしょ」

まあそうだと言えばそうだが、これは仕事でもあるわけで。それを説明しようと自分の頭の中の考えを言葉にしようと変換していたら、しばらくもごついた。

「あ、個人的な事情があったらごめんね」

私のしばしの沈黙に、ルシア姉さんはすかさず察した表情でこちらを見る。優しいのだ。

「そういう事情はないけど、とにかく仕事が忙しくて。会社を辞めてフリーになったばかりだし、とりあえずこの旅を本という形にしなくちゃだから」

すると、それまでののんびり休憩モードだったルシアに突如エンジンがかかった。

「サヨーリ、これだけは言っておく。そりゃ、仕事は生きるために大事だけど、仕事はあなたの人生のメインじゃない。メインは人間、家族だよ。あと友だち」

思うに、こんなに高らかに家族が一番宣言をされたのははじめてだった。カトリックの国の人々に根づく家族主義的な信念が、ルシアの人生の根幹であることは疑いない。もともと目力の強いルシアの目が倍ぐらいに見開いている。

そしてそれは強烈な言葉だった。当時の私がもしも同じ台詞を、日本で日本人の誰かに言われたら。きっと明らかな拒絶反応とともに、無言で席を立ったかもしれない。価値観の押しつけは結構ですと、睨み返したかもしれない。

でも、ポルトガルの北の海沿いの小さな街のカフェで、シェフであり母であり朝から晩まで忍者張りにフル稼働し、あっけらかんと意見を放つ働き者のルシアに言われると、不思議と話を聞こうかなという気持ちになった。パンドラの箱とやらを開けたことはないが、このトピックはまさにその箱を開けるかのような恐ろしさがあった。そしてこの話を続けることは、自分の中の面倒な感情を呼び起こす、厄介なことに触れるような予感がした。

「家族が大事なのはわかる。でも私は、まずは自分の仕事をうまく軌道に乗せたいの。この仕事は死ぬまで続けたい。多分それが、アイデンティティーみたいなものなんだよね、私の。子どものことは、そのあと考えようかなって」

　ルシアは私の言葉を聞きながら、おやつのパステル・デ・ナタ（いわゆるエッグタルト）を食べ終えると、店員にエスプレッソを頼んでからこう返した。

「もちろん仕事は大事。私もなりたかった料理人でいられて幸せだし、レストラン稼業は続けるし、これからも働かないという選択肢はない。でも、おせっかいかもしれないけど、もし産めるなら産んだ方がいい。子どもを持つってのはおもしろいものよ、サヨーリ。人生に、これまでとは違った価値観を持てるから。この先どうしたいのか、帰ったらちゃんとあなたの夫と話し合った方がいい。家族は話し合いが大事よ。そりゃ面倒だけど。うちなんかルイスとしょっちゅう喧嘩してるけど、ま、家族ってそんなもんよ。だから話し合いを怖がらないで」

　ルシア姉さんはそう言うと、店員が持ってきたエスプレッソに砂糖の小袋を迷うことなく2袋入れた。小さなスプーンでぐるぐるとかきまわし、甘みと苦みがマックスの濃厚な液体をふた口で飲み終えた。その甘苦い液体は、まるでルシアそのものだ。でもね姉さん、ポルトガルと日本じゃいろいろと違うんですよ。私の言い分も聞いて欲しい。

産むタイミング問題

「日本ではね、仕事をしている女性が子どもを持つタイミングがすごく難しいの。早く産むとキャリアにさわって、そのあと自分のやりたい仕事が続けられるか考えるだけで恐ろしい。子どもを育てながら仕事を続ける女性に、日本の社会は安心できるだけの保障を用意してないの。だから、どうしても子どもを持つことが後回しになっちゃう。いまの私みたいに。で、出産のリミットを意識しはじめてもうそろそろ真剣に考えないといけないなと思っていると、突然大きな仕事がやってきたりして。ほんと、いま自分でもどうしたらいいかわからなくなってる」

　気がつけばいつの間にか、ルシア姉さんに女の生き方を相談をしていた。

「あくまでこれは私の生きてきての感想だけど。子どもを持つのに、ベストなタイミングなんてないのよきっと、サヨーリ。それはこのアフィーフェでも東京でも、多分同じ」

　スパンと鮮やかな愛のパンチが入って、私は動けなくなっていた。

「でも、悩ましいよね、女はさ。仕事しながら子どもを産んで育てるって、実際すごく大変よ。私はルイスと2人で店をやっているから、なんでも手分けしたり意思疎通しやすい方だと思うけど、サヨーリは仕事も環境も全然違うし。でもね、帰ったら将来のこと、夫とちゃんと話し合わないとだめよ。本作ったら家族も作りなさい。きっと楽しいから」

ははは、そうだよねと形ばかりの笑いで答えながら、ルシアの真っ直ぐすぎるアドバイスにようやくあの箱を開ける覚悟ができた。ずっと勇気が出なくて、向き合うことを避けてきていたのだった。

目の前の人生の選択肢、つまり、〈仕事をする〉〈家庭を持つ〉〈子どもを産む〉〈育てながら仕事をする〉といったカードを眺めつつ、まずはいまの仕事を形にしなければ、社会に認められなければとずっと思ってきた。そうしているうちに30代も半ばになっていた。仕事がおもしろくなってくればくるほど、女としてどう生きていくかを切実に考えなければいけなくなる。

どえらく気が重い。

なんで産む方の性ばかりに負荷がかかるんだろう。女だけじゃなくて、男も妊娠出産すればいいのに。そうすれば、この負荷はきっと一方的じゃなくなる。就職活動をはじめた大学生の頃から、面接官に「子どもを持っても仕事を続けますか」としらっと質問されるたびに、私は本気でそう思っていた。馬鹿げた発想だが、それくらい馬鹿げた考え方ができる人がいないと、この国はきっとなにも変わらないとずっと思っていた。いまだってそう思っている。現に30年近く経ったが、社会構造はなにも変わってはいない。

この世に男と女がいて、子どもが生まれて家族ができる。それは太古の時代からいつも変わらぬ事実。なのに、産むことや育てること、さらに仕事との両立に悩まなければいけないのは、圧倒的に産む性の女。そのひどく不平等な事実に向き合うたびに心底憂鬱になり、あげく思考停止してきた結果がいまの私。そして、そんな矢先のルシアの言葉だった。

帰ったら、ひとりで悶々とせずに臆せず夫と話し合わなければ。ポルトガルの北部の田舎町のカフェで、悟りが開けた気分だった。料理もたくさん教わったが、それ以上に教わることが多かった。ポルトガル料理を好きになるのと同じくらい、ポルトガル料理を教えてくれた人を好きになっていた。

結局ポルトガルを好きになった一番の理由は、出会った人だったのだ。

鴨ごはん

Arroz de Pato アローシュ・デ・パト

はじめてポルトガルを訪ねたのは30年前、大学生の頃。気の合う友人Mがポルトガルのリスボン大学に留学していて卒業を前に彼女に会いたくなり、１ヵ月間のヨーロッパ旅行の最終目的地をリスボンにした。リスボン行きは、あくまでMに会うことが目的だった。

まだ20世紀末の、SNSはおろかスマホもない頃のヨーロッパひとり旅は、イタリアはリラ、スペインはペセタ、ポルトガルはエスクードのビフォア・ユーロ紀。当時の大学生の旅の基本は現金だったから、国を移動するたびに財布のお金を入れ替えていた。現代のスマホベースな行動様式を思うと、いまやあの頃が古代文明時代ぐらいに感じられる。ミラノから入りローマ、バルセロナ、マドリードと華やかな都市をまわり、最後がリスボンだった。着いたのは夜の10時頃。マドリードから鉄道で終着駅に滑り込むと、ホームとそ

の周辺は静寂そのもの。ヨーロッパでは夜はこれからという時刻だ。しかも首都なのに。おーい、みんなどこへ行ったの。翌日市内を歩いてもやはり圧倒的に静かで、それまでの都市で目にしてきたブランド品や高級車の街頭広告などはほとんど見かけなかった。その代わり、リスボンの街の家や教会や商店など、あらゆる建物の壁には美しい彩色タイルのアズレージョが施されていて、まるで中世にワープしたかのようだった。そういえばMから届く手紙にはいつもリスボンにはなんにもないと書いていたが、それは本当だった。20代の私たちには、なんにもないと思える質素な街だった。

そんなポルトガルで昔からあるごちそうが鴨ごはん。素朴な雰囲気で華やかさはないが滋味深く、一度食べると忘れ難い。この料理は、私の好きなポルトガルそのものをあらわしている。

材　料　4～6人分

米（洗って水を切る）………1合
押し麦※………1合
骨付き鴨もも肉………2本（500g）
サラミ………50g
玉ねぎ………1個
にんじん………1本
セロリ………1本
にんにく………2片
ラード（またはオリーブオイル）………大さじ3
赤ワイン………1カップ
水………500cc
ローリエ………2枚
塩、黒粒胡椒………各適量

※ポルトガルの米のパラリ感を出すために、
日本の米に押し麦を混ぜています。

作り方

❶ 玉ねぎは四つ割りにし、¼個をみじん切りにする。にんにくは1片はみじん切りに、もう1片は軽くつぶす。にんじんは半分または四つ割りにする。サラミは飾り用に12を枚薄切りにし、残りは煮込みに使う。鴨肉は両面に塩をしっかりふる。鍋にラード大さじ2を温め、鴨肉を両面こんがりと焼きつける。

❷ 同じ鍋に四つ割りにした残りの玉ねぎをばらしながら入れ、にんじん、つぶしたにんにく、サラミの残り、水、赤ワイン、ローリエ、つぶした黒粒胡椒を加える。ふたをして沸くまで強火、沸いたら弱火で30分煮る。煮えたら冷めるまで置き、鴨肉と野菜を取り出す。鴨肉は骨をはずし手で肉をほぐす。スープは取っておく。

❸ 同じ鍋に残りのラードを熱し、みじん切りの玉ねぎとにんにくを入れて炒める。玉ねぎが透きとおったら米と押し麦を加えて炒める。取り分けておいたスープを加え（2カップに満たない場合は水《分量外》を足す）、塩で味を調える。ふたをして強火で沸騰するまで2〜3分煮て、沸いたらごく弱火にして12分ほど煮る。米に火がとおったら、火を止めて一度全体を軽く混ぜ、蒸気が米に落ちないように布巾をかませ、ふたをして5分蒸らす。

❹ 耐熱容器に③のごはんの半分、②の鴨肉を敷き詰め、その上に残りのごはんを広げて①のサラミを並べ、表面がこんがりするまでオーブンで焼く。

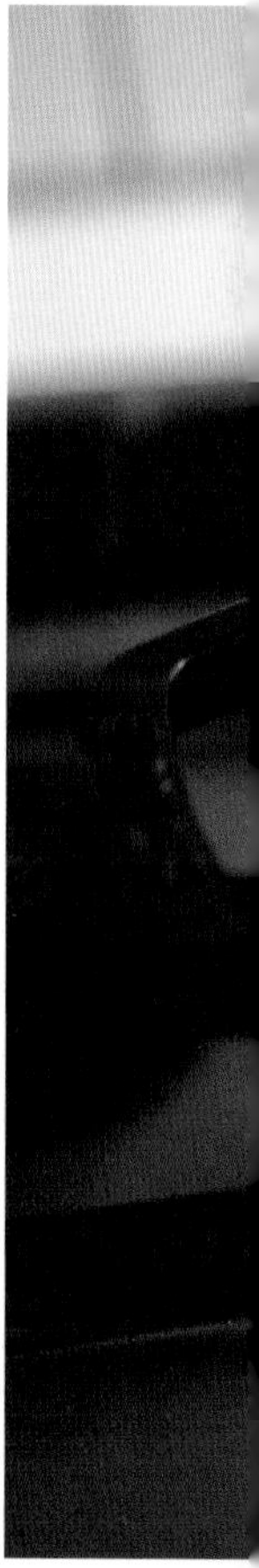

ポルトガル式あさりごはん

リスボンには、派手ではないが日常にこそ欲しい味があった。留学していた友人Mが近所で買ってくるパンは、見た目は巨大な饅頭のようで朴訥としているが、皮がかりっと、中はどっしりのもっちり生地で、噛めば噛むほど味わいがあった。ほんのりミルキーなケージョフレシュコ（新鮮なチーズの意）は寄せ豆腐のようにふるっと繊細で、Mの言うとおり日本から持ってきたわさびじょう油をつけて食べると、どこの国で食べたチーズよりもやさしくて、飽きのこない味だった。極めつきは、微発泡で爽やかなワイン、ヴィーニョ・ヴェルデ（緑のワインの意）。すいすいと呑めてしまう軽やかさが、ワイン初心者には親しみやすかった。しかも、どれも大学生の小遣いでも気兼ねなく買えた。旅で疲れ果てていた私の胃と財布を、ポルトガルの食が慰めてくれたのだった。

帰国後すぐに社会人生活がはじまると、刺激多めのフランスやイタリア、スペインを訪ねつつも、頭の片隅には慈悲深いポルトガルの味が消えずに残っていた。やがて10年後にあらためて出会ったポルトガルの料理は、素朴な調理方法やシンプルな味つけが和食と似ている部分もあり、はじめてなのに親しみを感じるものも多かった。

あさりは日本でもよく食べるが、ポルトガルではレモンとコリアンダーを合わせて蒸す定番料理「アメイジョアス・ア・ブリャオン・パト」がある。そのスープが悶えるほどうま味だらけなので、スープを使って米を炊くレシピにアレンジした。〈米で呑む〉に相応しいと思う。

Arroz de Amêijoas à Bulhão Pato

アローシュ・デ・アメイジョアス・ア・ブリャオン・パト

材料

あさり……… 300g
米（洗って水を切る）……… ½合
押し麦……… ½合
玉ねぎ……… ½個
にんにく……… 1片
オリーブオイル……… 大さじ1
レモン……… ½個
水……… 250cc
塩、コリアンダー……… 各適量

作り方

❶ あさりは砂抜きし、貝をこすり合わせて汚れを取る。玉ねぎ、にんにく、コリアンダーは粗みじん切りする。フライパンにオリーブオイルと玉ねぎとにんにくを入れ、しんなり透きとおるまで炒める。

❷ あさりを加えてふたをし、中弱火で蒸す。貝が開きかかったら火を止め、ふたをしたまま余熱で1分ほど蒸して貝が全部開くのを待つ（余熱だと身がふっくら仕上がる）。開いたら蒸し汁を残したままあさりを取り出す。

❸ 蒸し汁に米と押し麦を加え、全体を弱火で軽く炒め合わせる。水を加え、味をみて塩で調え、ふたをして沸くまで2〜3分強火にかける。沸いたらごく弱火にして10〜12分炊く。

❹ 火を止めて一度全体を軽く混ぜて②のあさりを戻し入れ、蒸気が米に落ちないように布巾をかませてふたをし、5分蒸らす。蒸らしたらレモンをたっぷり絞り、コリアンダーを加え、軽く混ぜて完成。

トマトごはんと豆鯵のフリット

Arroz de Tomate com Joaquinjinhos fritas

アローシュ・デ・トマテ・コン・ジョアキンジーニョス・フリッタス

夏になるとポルトガルの海沿いのレストランでは、どこもいっせいに通りに炭火のコンロをずらりと並べる。そこで焼かれるのは、サルディーニャ・アッサーダ、塩をふった鰯の炭火焼きだ。昼どきにはもくもくの煙と、魚の脂の焼けるいい匂いが通りに立ちこめる。１人前頼むと、６～８尾ほどの鰯の塩焼きがアルミの皿にずらりとのっかって、ゆでたじゃが芋などと一緒にテーブルに並ぶ。鰯の塩焼きと聞くと日本人なら大根おろしにしょう油、かぼすやすだち、そして白いごはんが欲しくなるところだが、ポルトガルで脂ののった鰯の塩焼きに合わせるのは決まって赤ワイン。赤ワインのタンニンで、うま味ののった脂を流すというわけだ。彼らと私たち、好きなものはよく似ているが、味わい方には大きな違いがある。

鰯のほかにもよく見るのが豆鯵だ。日本でも馴染みのある豆鯵は、ポルトガルではシンプルなフリットが人気だ。そして揚げものにはごはんと決まっていて、店によってトマトごはんや豆ごはん、菜花ごはんなどが添えられる。わたしが好きなのは、豆鯵フリットとトマトごはんの組み合わせ。自分では思いつかない組み合わせだったが、揚げものとごはんのコンビは日本人にも馴染みやすい。そしてもちろん、ワインも欠かせない。

材　料

米（洗って水を切る）……… ½合
押し麦 ……… ½合
完熟トマト ……… 1 個
玉ねぎ ……… ½個
にんにく ……… 1 片
ローリエ ……… 1 枚
オリーブオイル ……… 大さじ 2
水 ……… 200 ～ 250cc
塩、胡椒、コリアンダー
……… 各適量

◎豆鯵のフリット

豆鯵 ……… 5 ～ 6 尾
薄力粉、塩、胡椒、揚げ油
……… 各適量

作り方

❶ 玉ねぎとにんにくはみじん切りにする。トマトはへたを取り乱切りにする。

❷ 鍋にオリーブオイルと①の玉ねぎとにんにくを入れ、中火で炒める。透きとおったらトマトを入れ、崩しながら炒める。

❸ ②に米と押し麦を加えてざっと炒め、塩、胡椒をして水を加える。強火で沸騰するまで3～5分煮て、沸いたら弱火にして8～10分ほど煮る。火を消して5分ほど蒸らして完成。好みで生トマトの角切り、コリアンダーのみじん切り、にんにくのみじん切り、塩（すべて分量外）を軽く和えて添える。

❹ 豆鯵はエラや内臓を取り除いてよく洗い、水気をしっかりふき取り、両面に塩、胡椒をふる。

❺ バットに薄力粉を広げ、④の豆鯵に粉をしっかりまぶす。１８０度に熱した油で5分ほど揚げ、丸ごと食べられるくらいになれば完成。

砂肝のガーリックパプリカ炒め

ポルトガル料理は刺激的な辛さや酸っぱさのものはあまりなく、どちらかというと穏やか。塩、胡椒、オリーブオイル、ワインビネガーを基本に、ハーブ類はイタリアンパセリやコリアンダーをよく使う。肉も魚も野菜も新鮮な素材を手に入れやすい土地柄ゆえ、結果的に調理方法も素材を生かすシンプルなものが多くなったのだろう。唯一特徴的だと思うスパイスがパプリカパウダー。赤パプリカを粉末にしたもので辛みはなく、ほんのり甘くてうま味もあり、にんにくとの相性がよい。ショリッソと呼ばれる腸詰に使ったり、肉の下味に使ったりと、なにかと登場回数が多い。

ポルトガルの呑み屋などに気軽につまめる鶏もつ煮「ピピシュ」があるが、これは鶏の砂肝やハツ、レバーなどをパプリカパウダーなどのスパイスで軽く煮たもの。いろんな食感がありつつ、どこか鰹節をイメージするうま味も感じられ食べ飽きない。ある日買い物先で立派な砂肝が売っていたので、砂肝だけのバージョンで作ってみたら、下ごしらえも簡単で味もいい。以来砂肝だけで作るのもわが家の定番になった。砂肝を薄切りし、にんにくと塩、パプリカパウダーで炒め、仕上げに粉唐辛子をパラリ。極めて茶色い地味つまみだが、気がついたらなくなっているタイプ。娘が幼い頃からの大好物でもある。

材　料

砂肝 ……… 150 ～ 200g
にんにく ……… 1片
オリーブオイル ……… 大さじ2
パプリカパウダー ……… 小さじ2
塩 ……… 適量

作り方

❶ 砂肝は洗って余分な筋などを取り薄切りし、塩とパプリカパウダーをふる。にんにくも薄切りする。

❷ フライパンに①のにんにくとオリーブオイルを入れ、弱火でにんにくの香りをじっくりオイルに移す。香りが立ったら①の砂肝を入れ、中火で数分揚げ炒める。味をみて塩で調え、器に盛る。

サワーポテタコ

たことじゃが芋の組み合わせは、ポルトガルとスペインのあるイベリア半島では鉄板だ。ポルトガル最北部ミーニョ地方の川向こう、スペインのガリシア地方には「たこのガリシア風」という大定番タパスがある。ゆでたたこにゆでじゃがを合わせ、オリーブオイルと塩、パプリカパウダーをふった素朴なもの。それだけでも十分にワインはすすむけれど、もう少し軽やかに酸を利かせたくなり、アレンジを重ねてみた。まず、ベースのじゃが芋にヨーグルトとマヨネーズを加えてマッシュし、クリーミーかつふわっとした食感に。そこにハラペーニョピクルスを刻んだものを加えて酸味を出しつつぴりりとスパイシーに。言わば軽めのサワーポテサラだ。たこは薄切りにしてこのサワーポテサラとざっと和え、パプリカパウダーをぱらりとふってイベリア半島仕上げに。もしも自分がワイン酒場を開いたなら、このポテサラは定番メニューにしたい。

サワーポテサラがあまったら、ホットサンドの具にするのもいい。これまた呑めるホットサンドで困ってしまう（いや、本当は困ってない）。サワーポテサラのホットサンドも、酒場メニューにしようかな。

材料

ゆでだこ……… 40g
じゃが芋……… 2 個
ヨーグルト……… 大さじ 3
マヨネーズ……… 大さじ 1
レモン汁……… ½個分
ハラペーニョピクルス……… 4 枚
パプリカパウダー、塩……… 各適量

作り方

❶ ゆでだこは薄く切る。ハラペーニョピクルスはみじん切りにする。

❷ じゃが芋は皮をむいてゆで、ゆで上がったら水気を切って鍋の中で水分を飛ばし、熱々をつぶしてヨーグルト、マヨネーズ、①のハラペーニョピクルスを加え、さらにふんわりなめらかになるまで混ぜる。味をみて塩で調え、①のたこを混ぜ、器に盛る。ヨーグルト大さじ1とマヨネーズ、レモン汁各少々（分量外）を混ぜたソースをかけ、パプリカパウダーをふる。

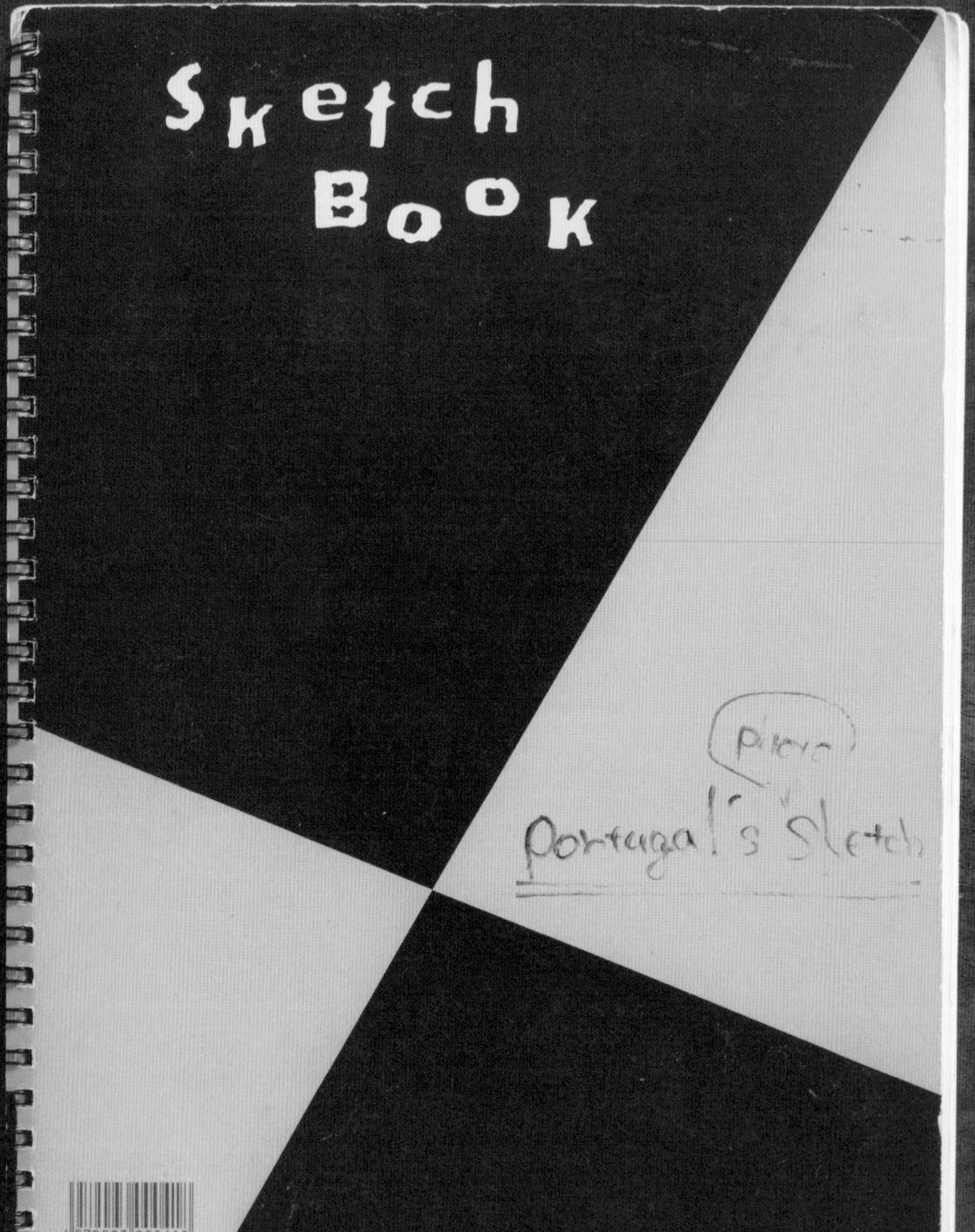
Sketch Book
Portugal's Sketch
4 979093 000418
maruman®
S131 MADE IN JAPAN
http://www.e-maruman.co.jp/

2006年5月から2007年11月頃

ポルトガル取材初期のフォトスケッチ

Chouriço Assado ショリッソ・アサード
腸詰め焼き。器の下にアグァルデンテ（蒸留酒）を入れ、火をつけてショリッソを焼く。

ショリッソアサードはサングリアで！

都会ではオーブンでぐるぐる回転させながら焼く グリルをよくみかける。
地域によっては開いて炭火焼きもあるそう。

Frango Assado フランゴアサード
若鶏の丸焼き、1皿4ユーロ、
塩だけの味つけ。やみつきになる。

Vitela Assada ヴィッテラ・アッサーダ
牛肉のステーキ。ウシもなかなか。炭火焼き。

つけ合わせのご飯とポテトは
いつも必ず山盛りでくる。

ポルト Porto

エッフェルの弟子が設計したドン・ルイス1世橋が
ドウロ川にかかる。

この街並みは世界遺産の歴史地区に指定されている。
こちらはドウロ川の南

北側は Vila Nova de Gaia
ポートワインのワイナリーがひしめく。

かつて、ドウロ川上流で作られたワインを
運んでいた船、ラベーロ。

30を超えるメーカーが軒をつらねている。

高台にあるTAYLOR'Sのレストランは
気持ち良く食事が楽しめる。

アマランテ Amarante

高速を降りてちょっとはずれた所にポツリ。

「Cavalinho」カヴァリーニョ
ビファーナで有名なレストラン。
全国からファンが集まってくるそう。

オリーブオイル・ニンニクにマリネした豚肉を
トマトベースのソースにからめてパンでサンド ↗

Bifana ビファーナ
豚肉サンド

少しピリッとするのは唐がらしの効いた
ソースによる。
赤のビーニョヴェルデと合わせるのが
おすすめコンビネーションだとか！

薪をくべて使う旧式オーブン!!
おばさん達はみーんな経験で温度調整。

Borrego Assado ボレーゴ・アサード
仔羊のロースト。
おなかいっぱいで味見できず… 後悔……。

「Casa Aleixo」カーザ・アレイショ

タコ料理で有名なお店。
奥のキッチンでは4人の女性が腕をふるっている。

Arroz de polvo アロシュ・デ・ポルヴォ
たこご飯 ＋
Filetes de polvo フィレッテシュ・デ・ポルヴォ
たこの天ぷら

たこご飯は生のたこで作るので味がしっかり。
天ぷらの原型といわれるフィレッテは衣にしっかり味がついている。

Salada de polvo
サラダ・デ・ポルヴォ
タコのサラダ。
マリネしてある。

Pasteis de Bacalhau
パスティシュ・デ・バカリャウ
バカリャウのコロッケ。

presunto
プレズント
生ハムの
パッタネグラという
上質のもの。
脂がおいしい。

Broa ブロア
とうもろこしの粉で
つくったパン。
ほんのり甘い。

ラメーゴ Lamego

標高605mの丘の上に立つ
ノッサ・セニョーラ・ドス・レメディオス教会。
1971年完成したもの。巡礼者のお参りもたえない。

「pastelaria da Sé」パステラリア ダ・セ
郷土菓子を作り続ける 地元の人気菓子店。

お菓子の他にも、Bôlaというおかずパンが人気。
具も生ハム、チーズ、野菜など イロイロ。

いつもショーケース前には お客さんがいっぱい。

Bolo de azeite ボーロ・デ・アゼイテ
オリーブオイル入りのケーキ(ボーロ)。
やわらか ボリューミー ビスケット、というかんじ。
オリーブオイルの香りがほんのり。

Peixinhos ペイシーニョス "お魚ちゃん"というお菓子

レグア Regúa

「Casa de Sta. Eufemia」
カーザ・デ・サンタ・エウフェミア

マリア・ド・セウさん。このエウフェミアの食事は全部彼女が作っている。
〈完全家庭料理・滋味あふれる〉

ワイン農家＋ゲストハウスのスタイル。
宿泊者優先で食事ができる。

Arroz de pato アローシュ・デ・パト
鴨ご飯。鴨の焼き汁をご飯と一緒に炊き、鴨肉とサルシッチャをのせてオーブンでパリッと仕上げたもの。

Feijoada a transmontano
フェイジョアーダ・ア・トランスモンターナ
トランスモンターナ風フェイジョアーダ。

Minhos ミーリョス
粗挽きトウモロコシのおかゆ風
トロリとした食感。サルシッチャのだしが効いている。

サクランボのポートワイン煮。

3章

いつの日か、ひとり暮らしをするきみへ

ひとり暮らし宣言

「大人になったらひとり暮らしするんだ。それか、友達のTちゃんとシェアハウスに住むかも」

娘がそんなことを言い出したのは小6の夏頃、11歳のときのこと。思えばそれは思春期のはじまりであり、精神的な独り立ちをはじめる最初の意思表明だった。そして、夕ごはんの食卓でいつもこんなふうに続いた。

「ねえお母さん、ひとり暮らしで必要な料理道具ってなに」

「ねえお母さん、ひとり暮らしで必要な調味料ってなに」

「ねえお母さん、ひとり暮らしで必要な野菜ってなに」

つまり娘にとって、ひとり暮らしはひとり料理のチャンス。食い意地の張り具合が母親そっくりである。でも、それって自分の日々の機嫌を取るうえで重要な生活力になるから、超大事。いいね。

「お母さんはさ、いつも料理道具ってどこで買うの。あ、合羽橋なんだ。じゃ、お母さん私がひとり暮らしはじめるとき一緒に買いに行こうよ」

何年先になるかはわからないが、それは随分と楽しそうなお誘いだ。

願わくば、生活そのものを楽しめるようになれたらいい。

生活とは、自分で自分の食事を作るとか、部屋を整えるとか、そういうこと。誰だって毎日否応なく生活するわけだから、それならそれ自体をおもしろがれるといい。日々のオフの時間こそが、人生の大半を占める。オフの時間にどうやって自分を喜ばせるかを考えることが、生活を楽しむことになる。大人になると、つい仕事や恋愛を人生の成功の物差しにしがちだけど、もちろんそれも大切だけど、たとえば実際の仕事ってやつはいつだって地味だし、とくに若い頃は自分に厳しくなりがちなわりに、経験不足で失敗ばかりだし、そもそも仕事の結果なんてすぐに出ない。でも出ないから余計に焦る。私の20代も、思えばずっとひとりでテニスの壁打ちをしている気分だった。こんな地味な仕事、誰も見ていないし評価されないと、勝手に卑屈になっていた。ひとり相撲がすぎる暗黒の時代だった。でも、仕事は人生の一部であって全部じゃない。そもそも人間は、仕事のためだけに生まれてきたわけじゃない。

プライベートだって、年中恋愛しているわけじゃない。しかも、恋愛中だっていい気分のときもあれば最低なときもある。そんなとき、自分で自分の機嫌を取ったり、自分を慰めたりして生きていけるといい。そう考えると、ひとり暮らしは自己を満足させるための練習をする、絶好のチャンスでもある。

「ひとり暮らし、楽しみでしかない。どこに住もうかな」

娘がつぶやく。ほんと、きみは将来どこに住むのだろう。母も楽しみだ。

自分マニア

厄介なのがＳＮＳだ。ＳＮＳを見ていると、他人の活動のごく一部分をいい感じに編集したものが無限に流れてくる。離れられなくなる。ＳＮＳのAIに採用されたアルゴリズムが、見ている人が情報に触れ承認欲求を刺激されることで、脳内でドーパミンの放出を促すように設計されている。だから、見る、報酬を得る、報酬が欲しくてさらに見る、さらに報酬を得る、が永遠に続き、まるで餌付けされたマウスのようにスマホから離れられなくなる。ＳＮＳは欲望のコントロールに弱い人間に付け込んだ、プロによる周到な仕掛けなのだ。

そんなＳＮＳ越しに、いつもうまくいっているように見える人がいる。情報を追いかけていると、やがてあの人もこの人もみんな楽しそうなのに私だけつまらない、と、ほかの誰かを羨《うらや》むモードに陥ったりする。誰だって人のことが気になるし、比べるなと言われても無理だ。ＳＮＳのない時代が長かった私でも、若い頃は人と比べるという地獄から抜け出せなかった。ましてや子どもの頃からＳＮＳに触れている世代は、手元のスマホで常に比較ができてしまう。きっと精神的に疲れるだろう。

でも、それなりに生きてきてわかったこともある。たとえばどんな人でも、人に見せているよそゆきの様子とリアルな日々の生活は、実は全く別ものだった。

思うに人の生活や仕事は、実際はあきれるほど地味なことの繰り返しだ。ドラマや映画の編集で、ばっさりと切り落とされるとりとめのない日々こそが、人生の大半だ。それはどんなに華やかでかっこいい仕事をしている人でもそうだ。

いや、華やかでかっこいい瞬間を見せる仕事をしている人ほど、実際の生活は地味で地道で、その中で努力を淡々と重ねている。そうしないと、かっこいい瞬間など到底生み出せないからだ。それは若者も年配者も変わらない。だからこそ、その地味に生きることの中にある、小さなことをおもしろがれるといい。いわば生活の可笑《おか》しみ力、みたいなものだ。

お腹が空いたら好きな料理を作ったり、家の中を心地よくしたり、好きな音楽や本や漫画やドラマや映画に浸ったり、植物や動物を育てたりするのも、生きている自己を満足させる術《すべ》だ。自分の心の奥底にある柔らかな本音がわずかに揺れるような、ごく小さな喜びを大切にするのだ。日常でその小さな喜びが増えるほど、気持ちは静かに上向く。次第に自分の機嫌を取れるようになる。そうすれば、たとえ仕事や恋愛や人生のアクシデントで再起不能かもと思うような辛い状況になったとしても、きっと回復への糸口になる。結局、自分を救えるのは自分を見守る自分自身なのだ。だからもっと自分マニアになって、自分で自分の機嫌を取り、自分の面倒を見るのだ。

でもそのためには、人を羨み、人ばかり見ているのではなく、いつも自分の本音を自分に聞くことが必要だ。自分が心から求めているものってなに。ほんとは何がしたい、どうありたい。そうやって自分マニアになる。自分が死ぬまで付き合うのは、誰でもない自分だ。

誰もが過ごしている映えない日常を、なんとまあ映えないなあと自ら突っ込める俯《ふ》瞰《かん》力《りょく》もあるといい。そもそも、映える日常ってなに。そんなものはＳＮＳが作ったまぼろしだ。映えを崇《あが》めるＳＮＳポエムに騙されることなく、このリアルな世界で自分の人生を生きていくのだ。いくらほかの人を眺めても、自分そのものはなにも変わらない。

私専用レシピブック

いつかひとり暮らしをかなえたい娘は、夕ごはんの食卓で好きなおかずが出てくると、決まってこう言う。

「これ、私専用のひとり暮らしレシピブックに入れてね」

自分が家を出てひとりで暮らすようになったとき、そのレシピブックを見ながら自分で料理をするらしい。だからその日のために、これはという料理が食卓に出てくると、ささっと席を立ってiPadにメモしている。その内容を見せてもらうと、いまのところこんな感じ。

〈ひとり暮らしレシピブック〉

・納豆そうめん炒め

・蒸し鶏ごはん

・蒸し豚のねぎ塩だれ

・鶏団子レタス鍋

・味噌キムチ納豆鍋

・とろみ鍋

・白菜と帆立の土鍋辛子高菜煮

・じゃが芋お焼き

・キムチチャーハン

・フライパンホットサンド（キャベツ・たまご・ＢＬＴ）

・長ねぎグラタン

・マカロニグラタン

・白菜グリルと帆立のクリーム煮

・ビーフシチュー

・たこのコロッケ

・かりほく里芋のり塩味

・塩豚と野菜のローズマリー蒸し

・茶碗蒸し（普通と中華風）

・皮ぱりチキン

・たこのカルパッチョ

・レタスとのりサラダ
・サワーポテサラ
・きのこパスタ
・明太子パスタ
・トマトパスタ
・ミートソースパスタ
・冷豚冷や中
・鶏もつ塩煮
・砂肝のパプリカパウダー炒め
・出汁巻き卵
・のりとしらすの白和え
・から揚げ
・ハンバーグ
・白身魚のフライ
・豚汁
・蒸しプリン

あらためて並んだ料理名を見ると、それらを作ったときのこと、食べたときのことも自然と思い出される。どの料理も、わが家の日常の一部だ。はてこの料理は、いつ頃から作りはじめたのかな。作り続けるうちに合理化し、進化し、やがて定番化したものだ。

家の料理は、おいしいかどうかとは別の〈思い出〉という価値も持つ。だから、誰かがひとりキッチンで、かつての料理を思い出しながら作るときは、その人が思い出と一緒にいるということだ。それって悪くない。

鶏団子鍋セラピー

レシピブックに並ぶ料理の中でも、とくにひとり暮らしに欠かせないと思うもの。それは鶏団子鍋だ。なぜなら私自身が、かつてのひとり暮らしの日々で随分と救われたから。

私のひとり暮らしは社会人2年目の25歳からだった。当時はほぼ毎日残業で帰りは深夜だった。くたくただから料理をする気になんて到底なれない。かといって、プラスチックのパックに入った味の想像がつくコンビニのお弁当や惣菜は、どれも食べたいとは思えなかった。でも、お腹は猛烈に空いている。そんなとき、この鶏団子が冷凍庫にあると心強かった。帰宅しながら、よし帰ってあれ食べるぞと思えるだけで少し元気が出た。

自分で作るものは自分が欲する味だから、裏切られることがない。試しに市販の鶏団子を買って食べてみたこともあったが、余計な甘さや思わぬ柔らかさにがっかりした。一日の終わりにこれは嫌だ。だから自分で作って冷凍しておいた。

深夜に帰宅すると、小さなキッチンのガスコンロに小鍋を出してお湯を沸かす。常備していたカトキチの冷凍うどんを袋から出し、冷凍鶏団子数個と一緒に小鍋に入れ、顆粒鶏がらスープを適当に加え、あれば長ねぎなども入れてふたをする。

急いで顔を洗って化粧を落とし、部屋着に着替えるかたわらで鍋を煮る。次第にぐつぐつ煮えてくる。ふたを開けると小鍋から呑気な湯気がふわりと立ちのぼる。それをわざと顔面全体で受け止める。顔がやさしさに包まれる。ああ、鶏団子のいい匂い。仕事場から続いていた緊張感がどんどん和らぎほどけていく。もはや鶏団子鍋のアロマセラピーだ。

すっかり着替えてオフモードになる頃には鍋もでき上がり、湯気の上がる小鍋を小さなテーブルに置き、録画したドラマやお笑い番組を見ながら食べていた。ときには疲れすぎて、食べながら小鍋の横で寝てしまったこともあった。うどんがないときは冷凍ごはんを入れ、団子の雑炊にすることもあった。あたたかい料理はそれだけで抜群に治癒力があった。

この鶏団子は、時間があるときに一気にたくさん作っておいて冷凍するに限る。ひとり暮らしをはじめると、仕事もプライベートも忙しくてゆっくり料理する時間もなかなかないけれど、この団子を冷凍しておけば、疲れ果てて帰ってきてもすぐに自己を満足させられる。

いつの日か、娘が作る鶏団子も食べてみたい。と思うけど、きっと忙しい合間をぬって作る希少な団子になるはずだから、やっぱり遠慮しておこう。

背徳の生ハムごはん

ひとり暮らしレシピブックには載っていないけれど、間違いなく娘が好きなもの。それは、背徳の生ハムごはん。

これは取材先のあるレストランで教わった食べ方だ。その店では、ごく小さなごはん茶碗に数口分のふっくら炊き立てごはんを盛り、その上に切り立ての極薄生ハムをふんわりとのせる。ごはんの熱で生ハムの脂が次第にゆっくりと溶け出し、米粒を覆っていく。その生ハムでご飯をくるんで口に運ぶと、乳酸発酵を経た肉ならではの深い味わいと上品な脂の甘みや香りが口の中で一気に増幅し、静かに爆発し、やがて跡形もなくすっと溶けて消えていく。うま味をはらんだ米粒も幻のように消えていく。

なんなんだ、この体験は。

それはまるで、夢の中に謎のタイプなイケメンが現れて、突然壁ドンされ、朗らかに去っていったかのような経験だった（そんな夢も見てみたい）。そしていつか自分の家で、思う存分この生ハムごはんを食べてみたいと思った。

するとそんなに遠くないうちにそのチャンスは訪れた。ある日遊びに来た友人の手土産が、偶然にも極薄ふわふわの高級生ハムだったのだ。

翌日の夕飯どきを、作戦実行のD-Dayにした。炊き立てごはんの傍らにはあの生ハム。脳内で懺悔した。「ああ神さま、こんな贅沢を中学生に教えてしまってもいいのでしょうか」「いいわけなかろう、そんな夢のような味を教えたら苦労するのはあんただよ」「そうですよね（遠い目）」。でも、ひとりでこそこそ食べるのもまた変な話。いや、ここまで突出した味の体験は、分かち合えばさらに楽しい。

　友人の手土産の生ハムはパルマ産だった。向こうが透けて見えるほど極薄にスライスされ、シートに整然と並べられていた。淡いピンクがまことに上品。このやんごとなき方々は、うっかり菜箸で雑につまむとぼろぼろの端切れみたいになってそれは悲劇だ。そっと端をつまんで、美しく繊細な姿のまま慎重にシートからはがし、ゆっくりと熱々ごはんの盛られた茶碗にのせる。しばらくしてハムの脂が熱でしっとりと溶けてきたところで、箸で飴色のハムとごはんをやさしく挟み、口に運ぶ。娘とともに向かい合って咀嚼する。しばしの静寂の中、目だけを激しく動かし、感動を伝え合う。

「な、なんですかこれは！」

「どうじゃ、もっと驚くがよい！」

　そんな感じで、残りのふわふわ高級生ハムは瞬く間に消えていった。食卓を悲鳴のような感動が静かに包み、その余韻に浸っていると、やがて娘はこんなことを言った。

「わたしがひとり暮らしをはじめたら、いつか生ハムパーティーしよう。お母さんも呼んであげるから、お土産に生ハム持ってきてね」

　なぬ。それはもはや、招待に名を借りた手土産の要求のようだが、まあいいか。炊き立てごはんの方、よろしく頼む。

フリーダム自炊

世界で一番自由な場所、それはキッチン。いつなにをどう作るか、どんなふうに食べるか、すべて思いのままだ。料理は自分の欲望をもっとも早く満たせる具体的な方法。自分好みの料理ができるようになれば、自分の機嫌や体や生活をコントロールできる。コンビニや外食などほかの誰かやなにかに頼ることなく、いつどこでなにをどれだけ食べるかの自由を確保できる。つまり自炊力は、自由気ままに生きるための力だ。

日々の料理が自分好みにできるようになるにはどうしたらいいのか。思うに大事なことは２つ。

ひとつは、作りながら味見するということ。なんだそんなことか、いやそういうんじゃなくて、もっと具体的なことが知りたいんだけど、と思うかもしれない。でも、スマホで検索した誰かのレシピはいきなり信じるのに、肝心の自分がその味をどう感じるかを、作っている最中に確かめないってどうなのか。いや私は味見するよと言う人も、最後に１回だけだったりする。そうじゃなくて、味見は作りながら何度もした方がいい。

たとえば自炊をはじめてしばらくは、いっそ計量なしで作る方がいい。というかこれは素朴な疑問なのだが、一体どれくらいの人が、自分ひとりのための料理をするときに調味料をきちんと計るだろう。どれだけの人が計量スプーンを持っているだろう。

レシピを否定しているのではない。レシピは料理の地図みたいなものだから、はじめての料理を作るときはとても頼りになるし、ないと困る。よくできたレシピは、はじめてでもうまくできるように導いてくれる。でも料理超初心者に限っては、まずは地図で見知らぬ場所に出かけるよりも、地図なしで行ける目の前の公園くらい身近な、冷蔵庫のありもので作る肉野菜炒めを、塩と胡椒だけで料理できるようになった方が現実的だと思う。

もしも冷蔵庫に豚ばら薄切り肉があったなら。フライパンをよく熱して油を少し入れ、食べたい量の肉に軽く塩をふり（塩を忘れた肉は間抜けな味がする）、炒める。あればにんにくやしょうがのみじん切りを先に炒めておくと、仕上がりの味に深みが出る。肉の色が変わったら食べやすく切った野菜を入れる。キャベツでも玉ねぎでもいいけれど、食べやすい大きさと薄さに、できるだけ揃える。最初は野菜にもごく軽く塩をふって炒め、一度味を確認する。全体に薄ければ、もう少し塩を加える。そうやって塩の感覚がつかめたら、仕上げに胡椒。胡椒は加熱しすぎると風味がなくなるから、食べる直前にふって香りを生かす。こんな感じでありもの肉野菜炒めが上手になってきたら、いよいよ地図の必要な料理に挑戦すればいい。

レシピを守るのは大切。だけど、実際に料理を作っているのは自分であって、レシピを作った人ではない。だから、味見しながら自分の好みと照らし合わせることこそが、料理を自分好みにできるようになる近道だと思う。

もうひとつは、繰り返し作ること。それもまたコツじゃないよねと言われそうだけど、結局はそういうこと。

カラオケに行ったら、必ず選ぶ自分の定番曲があると思う。どうしてそれを選ぶのか。それは自分が好きな曲だから。好きだから何度も聞くし、部屋でも風呂でも自転車でも車の中でも、あるいはカラオケに行くたびに歌う。料理もそれと同じこと。好きな曲を何回も歌うみたいに、好きな料理も何度も作るといい。繰り返すうちに自分なりのやり方が生まれて、工夫もするようになる。繰り返すことが、結局は一番強いのだ。

失敗しても別に大丈夫。だって歌も料理も消えるものだ。だけど、いい歌やおいしかった料理は忘れない。気負わず繰り返すうちにだんだんいい感じになって、そのうち自分でも、あれなら自信あるかもって思えるようになれるといい。いつか誰かに「あれ歌って」みたいな感じで「あれ作って」って言われたら、きっと嬉しい。

ひとりで食べても誰かと食べても、自炊は自分を満たしてくれる。

ひとり暮らしをはじめたら、キッチンで自炊のフリーダムを精一杯満喫すべし。

USELESS
IN WATER

心のままに鶏団子鍋

鶏団子は気分次第で変幻自在だけど、一応基本がある。鶏もも挽肉に長ねぎのみじん切り、しいたけ（干ししいたけなら最高）のみじん切り、しょうがの絞り汁、塩、酒、しょう油、多めの粗挽き黒胡椒。以上。さらに、あれば刻んだれんこん、きくらげの千切り。これらが入ると食感に不規則なリズムが出て食べ飽きない。さらに大葉の千切りを加えると一気に爽やかになるし、戻して刻んだ春雨を入れるとぷちぷち食感が楽しい。加える食材の組み合わせはあなたの心のままに。

鶏団子は一度にたくさん作って冷凍が基本。鍋以外にも、スープの具にしたり、うどんや雑炊に加えたっていい。一緒に鍋に入れる野菜はレタスがいち押し。加熱しても繊維のしゃきしゃき感が残っているから鍋がだれない。あるいは、うま味の強いアブラナ科の菜花も合う。春菊はもちろん、福岡の「おいしい菜」や埼玉の「のらぼう菜」なども、煮るとほろ苦くほどよく甘い。野菜をたっぷり用意したら、あとは豆腐、葛切りか春雨で準備完了。締めはうどんや、ごはんで雑炊もいい。鍋は具が増えるとどんどん主役不明になるから、ついでになんでも入れようとしない。そして、この鍋にポン酢は要りません。具から出る出汁が十分なうま味を含むので、あらかじめ出汁に塩を加えて味を調整し、ごくごくと飲むように食べる。つい反射的にポン酢をかけちゃう人は、ぜひ一度ポン酢を我慢して、出汁と具だけで楽しんで欲しい。その際、器に取った出汁に柚子胡椒をさっと溶かすと、辛みと香りが広がって食もすすむし、ちぎったのりをたっぷり加えると一気に風味豊かになり、鍋でハイになれる。

材　料　団子約15個分

鶏ももひき肉……300g
しいたけ……3枚
大葉……6枚
長ねぎ……10cm
れんこん……¼節
きくらげ……3枚
酒……大さじ1、½カップ
しょうが……1片
しょう油……小さじ1
塩……少々
昆布……10cm四方
黒胡椒、ごま油、柚子胡椒、
　春菊など青菜、豆腐、葛切り……各適量

作り方

❶ ボウルに鶏ももひき肉、塩、酒大さじ1、すりおろしたしょうが、しょう油、しいたけと長ねぎのみじん切り、黒胡椒、刻んだれんこん、千切りにしたきくらげと大葉を加え、よく混ぜて団子にする。春菊と豆腐は食べやすく切る。葛切りは袋の表示どおりに戻す。

❷ 鍋に水（分量外）と昆布、酒½カップを入れて沸くまで中火にかけ、沸いたら①の団子を入れて煮る。アクを取り鶏団子に火がとおったら、春菊、葛切り、豆腐を加えてひと煮立ちさせ、仕上げにごま油をひゅっとひとまわしする。スープに柚子胡椒を溶かし、具と一緒にいただく。

背徳の生ハムごはん

幼い頃からハムが好きな娘。スーパーマーケットで売っているスライスハムからお高い専門店の生ハムまで、桃色や赤茶色のあれを見つけたら迷わず食べる。多分ハム星人。

ハム星人が9歳の春休みに、ポルトガルを2週間近く一緒に旅した。人生初のヨーロッパがポルトガルとはちょっとマニアックすぎるかなとも思ったが、親子旅ならではの思い出ができるはずと、思い切って連れていった。そもそもが仕事の取材旅だったから、取材が長くなって飽きて不機嫌になったり、疲れたと駄々を捏《こ》ねられたらどうしようと心配もあったが、行ってみるとその心配はほぼ杞憂に終わり、たまにレストランで寝落ちするものの、最後まであちこちついてきてくれた。結果的にこの旅は、私の中では死ぬまで反芻《はんすう》するであろう、宝物級の思い出になった。

ある日。わが家で食事どきにこのポルトガル旅を思い出しながら、旅の中でなにが一番楽しかったかと聞いた。するとハム星人は、宿で食べた朝ごはんのハムのバイキングだと言う。ポルトガルはハムや腸詰といった豚肉加工品が豊富で、朝のホテルにはいろんな種類のハムがずらりと並んでいたのだ。日本ではちょっと考えられない夢のような光景に、ハム星人は胸がときめいたらしい。

しゅわっと溶ける脂のうま味よ。

ハム星人はその後も順調にハムを愛し、いろんな大人が差し出すハム愛に包まれて育ち、ついには高級薄切りふわふわ生ハムまで覚えてしまった。ハム教育がいささか暴走してしまったわけだが、それについて後悔はない。将来はおいしいハムが自腹で買える社会人になりたいと言っているくらい、ハムは彼女の生きるモチベーションを支えているのだから。なんにせよ、心から好きなものが早くから見つかることはいいことだ。ハム星人よ、いいハム食べろよ。

材料

ごはん……小ぶり茶碗1杯分

極薄ふんわり生ハム

（専門店でスライスし立てのものが望ましい）

……2〜3枚

作り方

❶ 小ぶりのごはん茶碗に炊き立てごはんを軽くよそう。

❷ 極薄の生ハムを①にふんわりとのせ、一緒にいただく。

愛しの納豆蕎麦炒め

　娘が保育園に通っていた10年以上前のこと。昼前に園で熱を出した。仕事を中断して編集部から大至急お迎えに行き、連れ帰った。結構な熱が出ていて心配になった。ベッドに寝かせ、おでこにのせた冷たいタオルを何度も取り替えた。夕方頃、ようやく娘が眠りにつきひと段落すると、緊張が緩んだのか、急に自分が猛烈にお腹がすいていることに気がついた。なにか食べよう。冷蔵庫を開け、残っていた豚ばら肉とひきわり納豆、小分け冷凍しておいた蕎麦を解凍し、刻んだ長ねぎやにんにくと一緒に炒めた。ゆでた麺の冷凍は、保育園のお迎えから帰ってすぐに夕はんを作れるようにはじめた工夫だ。レンジの半解凍ですぐ料理できるし、蕎麦なら伸びにくい。しかも炒めると、蕎麦独特の香ばしさが出る。どうやら娘もしばらくは起きてこなさそうだし、取りあえず自分の分だけ作ろう。

　フライパンにごま油と刻んだ長ねぎ、しょうが、にんにくを熱してひと口大に切った豚ばら肉をしっかり焼きつけ、付属のたれを入れて軽く混ぜたひきわり納豆を加えてさらに焼く。そこに半解凍の蕎麦を加え、柚子胡椒を日本酒に溶いてまわしかけさっぱりした辛さを加えつつ、麺をほぐしながら炒める。豚肉の脂の食欲をそそる匂いと、炒めきった納豆の香ばしさ。悶えるほどいい香りにお腹がぐうと鳴る。熱々のでき立てを皿に盛った。久しぶりにひとりきりの静かな食事だ。では、いただきます。

すると、寝室のドアが突然すーっと開いた。「おかあさん、なにたべてるの?」。眠っていたはずの娘が、じーっとこちらを見ていた。まじか。娘の顔には寝汗で前髪がぴたっと張りついている。そのとぼけた可愛い髪型で、静かにこちらの様子を伺っていた。お母さんずるい、ひとりでそんなの食べて。私だってお腹すいてるんだぞ。目がそう言っていた。驚いたのと可笑しさで、思わず口にした麺を吹き出しそうになった。

それから現在まで、この料理はわが家で不動の人気だ。ときには一緒に食べながら、ドアをそーっと開けて私を見ていたときの心境を娘本人から聞かされる。「ほんとあれはひどかったよね、お母さん。ひとりでこっそり食べてたんだから」。えっと、こっそりではないのです。そう言われつつこそばゆい気持ちになる。それはきっと、あの瞬間を共有しているのは世界できみと私だけだという揺るぎない事実が愛おしいから。分刻みで必死だった頃の小さな出来事が、いまはこんなにも大切な思い出になっている。

材　料

冷凍蕎麦（ゆでて小分け冷凍しておく）……… 1 束分
ひきわり納豆 ……… 2 パック
豚ばら肉 ……… 1 枚
長ねぎ ……… 10cm
にんにく ……… 1 片
しょうが ……… 1 片
ケールなど青菜 ……… 適量
ごま油 ……… 大さじ 1
柚子胡椒を溶いた日本酒 ……… 大さじ 1
塩、黒七味 ……… 各適量

作り方

❶ にんにく、しょうが、長ねぎは刻む。豚ばら肉はひと口大に切る。

❷ フライパンを温めてごま油を入れ①を中火で炒め、肉が焼けたら付属のたれを混ぜたひきわり納豆を加える。香ばしく焼くためにあまりさわらない。

❸ 香りが立ったら電子レンジで半解凍した冷凍蕎麦を投入し、柚子胡椒を溶いた日本酒（小瓶に作っておくと炒めものに便利）を加えて麺をほぐしつつ炒める。仕上げにケールを加え、味をみて塩で調え、器に盛り、黒七味をふる。

たこの温かいカルパッチョ

ポルトガルにはたこ料理が多くて嬉しくなる。じゃが芋と一緒にグリル、天ぷらを思わせる揚げもののフリット(ちなみに日本の「天ぷら」の語源は、ポルトガル語で味つけするという意味の「テンペラル」や、肉を食べない四旬節「クアトロ・テンポラシュ」あたりと考えられている)、たこを炊き込んだごはんなど、食べ方も日本人とよく似ている。ゆでだこを野菜や豆と一緒にオリーブオイルやビネガーなどでマリネしたサラダは、ワインのつまみの定番。つまみではあるが子どもも普通に食べているから、つまりわが家のおかずにちょうどいい。

そのたこのマリネサラダを思い切って簡略化したのが、たこの温かいカルパッチョ。たこと一緒にセロリの薄切りをたっぷり皿に並べ、軽く塩をふり、オリーブオイルとにんにくのみじん切りを弱火で熱し、熱々のオイルをまわしかけてレモンをたっぷり絞る。それだけなのに、熱々オイルのおかげでたこやセロリの味と香りが格段に豊かになる。

娘はたこは好きだがセロリが苦手。だからふたりで食べるときは玉ねぎやレタスで作る。でも、個人的にはダントツでセロリを合わせたい。なにより香りの相性がいい。茎だけでなく葉もちぎって並べ、たこと一緒に混ぜながら食べると、辛口の白やオレンジワインが本当によく合う。そして食べはじめると、もっと作ればよかったといつも思うのだ。

材　料

ゆでだこ……… 40g
セロリ……… 1/3 本
セロリの葉……… 少々
オリーブオイル……… 大さじ 2
にんにく……… 大 1 片
レモン……… 1/2 個
塩……… 少々

作り方

❶ たこは薄切りにする。セロリは筋を取って斜め薄切り、葉はちぎる。にんにくはみじん切りにする。

❷ 皿に①のセロリと葉を敷き、たこを並べて塩を軽くふる。

❸ フライパンに①のにんにくとオリーブオイルを弱火で温め、にんにくの香りがしたら熱々のオイルごと②にまわしかけ、上からレモンをたっぷり絞る。

おいしいキムチの炒飯

　凝った料理を並べるより、ちゃちゃっとありもので作ったり、仕事帰りに買ってきたもののほうが断然子どもに喜ばれる、という事実がある。心中複雑。なんでだ。イベント感があるのかな。そういえば、自分が子どもだった頃もそうだったような。ごはんとおかずと汁物的な基本形の食事より、「今日はお母さん仕事で忙しかったから、焼き鳥買ってきた」とか、「帰りにお弁当買ってきたから、好きなの選んでいいよ」とか、そんなシーンを結構覚えているし、なんだったらときめいていた気がする。

　わが家のちゃちゃっと料理二大巨頭は、焼きそばとキムチ炒飯。ただし、キムチ炒飯は私が突如として食べたくなることがあるので、同じちゃちゃっとでも作るときの心持ちがちょっと違う。

　キムチ炒飯は、ある日キムチを変えたら格段においしくなった。それは老舗の韓国食材専門店のもので、オモニたちが毎日漬ける自家製だ。それまで食べていたものとはまったく違って、辛みは強すぎず爽やかな酸味があり、かつうま味が深い。一度知ってしまったらもう戻れなくなった。そのまま食べても大変おいしいが、炒めたり煮込んでもいい。発酵したうま味は熱にも強く、漬け汁がまた料理に複雑な味わいをもたらす。漬け汁最強。炒飯にするときは、あらかじめ豚肉と一緒にしっかり炒めて香りを引き出し、そこにごはんを加えてやはり漬け汁で味を加減する。だからお店でキムチを買うときは、いつも心の中で「お姉さん、袋に漬け汁もいっぱい入れてくれい」と念じている。

材　料

ごはん……… 茶碗１杯分

豚ばら肉……… 40g

キムチ……… 大さじ１

にんにく……… １片

しょうが……… １片

長ねぎ……… 10cm

ごま油……… 大さじ１

キムチの汁……… 大さじ１

塩、黒胡椒、白炒りごま……… 各適量

作り方

❶ にんにく、しょうが、長ねぎは刻む。豚ばら肉とキムチはひと口大に切る。肉に軽く塩をまぶす。

❷ フライパンを温めてごま油を入れ、キムチ以外の①を炒める。肉が焼けたらキムチを投入し炒める。さらにごはんを入れ、キムチの汁、黒胡椒を加えてほぐしながら全体をよく炒め合わせる。味をみて塩で調え、器に盛ってごまをふる。

塩豚と野菜のハーブ蒸し

豚肩ロースの塊肉がお得な値段で並んでいたら、迷わず買う。塩豚を仕込めるから。帰ったら肉をパックから取り出して、肉の表面にまんべんなく塩をまぶす。イメージは、おにぎりのときの塩より少し多いくらい。それをラップできっちり包んでビニール袋などに入

れ、ひと晩おけば塩豚が完成する。肉から水分が出るのでしっかりふき取ってラップで包み直せば、1週間は塩豚を楽しめる。塊をそのまま蒸したりゆでたり、薄切りにして焼いたり炒めたりとアレンジもできるので、あると本当に心強いのだ。

わが家の塩豚料理の定番はいくつかあるが、もっともよく作るのが塩豚と野菜のハーブ蒸し。春キャベツやじゃが芋、玉ねぎなど旬の野菜を大ぶりに切り、厚めに切った塩豚と交互に鍋に詰めて皮つきのままのにんにく、黒粒胡椒、ローズマリーをちぎってのせ、コンソメスープをまわしかけて中火で30分ほど蒸し煮すれば完成。あまりに頻繁に作るので、ローズマリーを苗で買って鉢植えで育て、使う分を毎回収穫している。

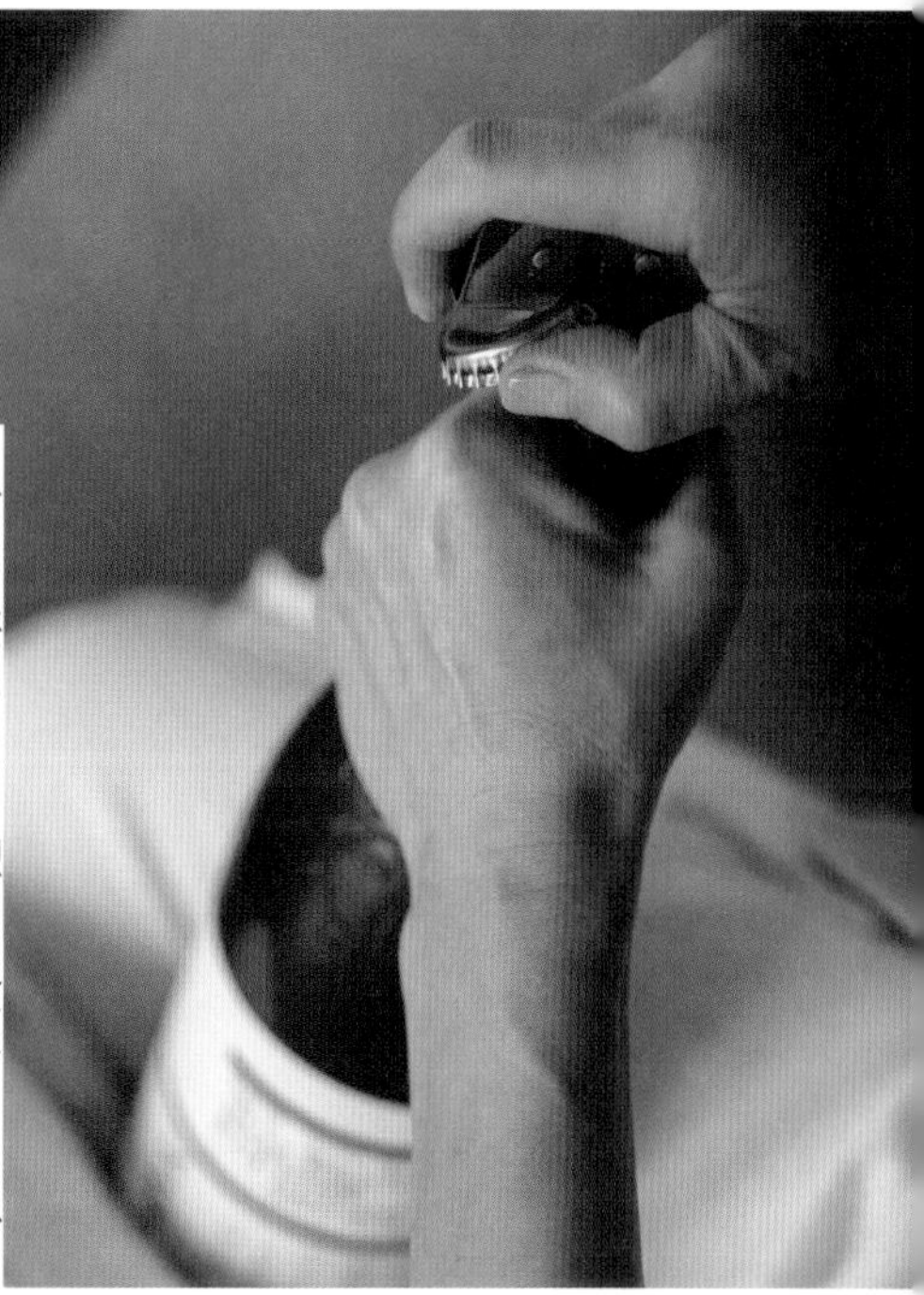

でき上がったら鍋ごと食卓に出せばいい。あとはめいめいが好きな具を皿に取り、ほっくりしたにんにくをつぶしながら、ソースのように肉や野菜につけて食べる。簡単だけどボリューム感もごちそう感もあるので、普段の晩ごはんはもちろん、来客のときにも頼りになる。ちなみに、鍋のふたを開けるときに立ちのぼる香りもごちそうの一部だから、ちょっともったいぶってゆっくり開けることをおすすめしたい。

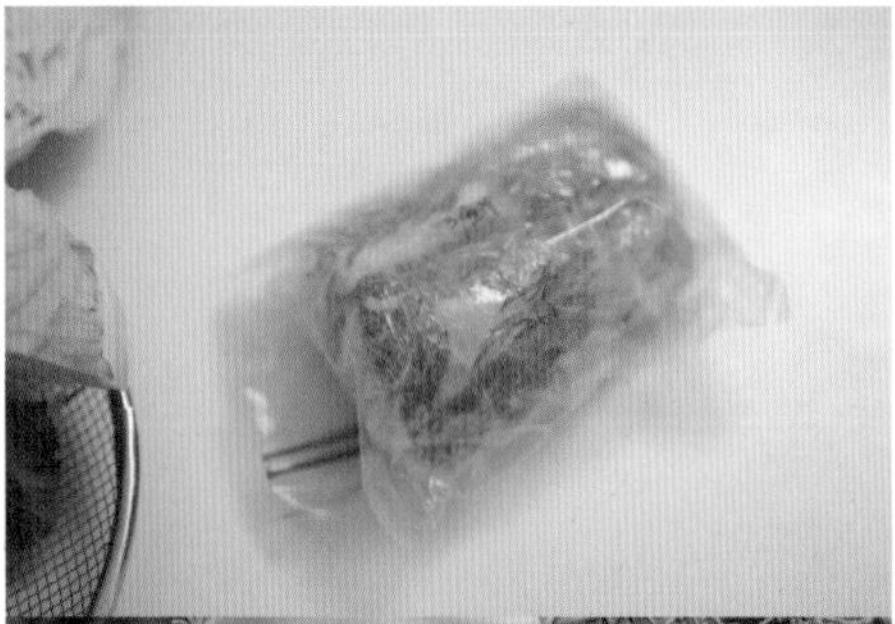

材　料　2〜3人分

豚肩ロース塊肉
………300g
キャベツ………½個
にんにく………3〜4粒
オリーブオイル………大さじ1
ローズマリー………2〜3枝
コンソメスープ
（顆粒コンソメを湯で溶く）
………1カップ
黒粒胡椒………5〜6粒
塩………適量

作り方

❶ 豚肩ロース塊肉は塩をふり（ラップに包んで冷蔵庫で保存できる）、1㎝幅に切る。キャベツは4等分する。にんにくは皮つきのまま軽くつぶす。

❷ 厚手の鍋にオリーブオイルを入れ、①の肉とキャベツを交互に並べる。①のにんにくを入れ、つぶした黒粒胡椒とローズマリーを散らし、コンソメスープを加える。

❸ ふたをして弱めの中火で30分煮る。火が強すぎると水分が早く蒸発して焦げやすいので弱火に近い中火で。心配なら途中で水分量を確認し、焦げる前に火を止める。肉はしっとり柔らかく、キャベツは崩れるくらい柔らかく煮る。にんにくをソースのように具につけながらいただく。

長芋のり塩ポテト

のり塩味のポテトチップスは日本人には当たり前すぎる存在だが、実は世界に誇るべき素晴らしい味の発明だと思う。青のりを主役の調味料として捉えた、発案者の感覚が素晴らしい。普段は最後のひとふり的なおまけ感がある青のりが、のり塩味では完全に主役だ。青のり特有の香り、やさしいけれどしっかりしたうま味、彩りの美しさ。青のりは焼きそばに、お好み焼きに、たこ焼きに、とろろに、いつも気がつけば寄り添っている。自分の存在を控えめに主張しつつも主役を１００パーセント引き立てる、手練《てだ》れの俳優のよう。ちくわなど揚げ物の衣に混ぜると香り高い磯辺揚げになるし、卵焼きに加えるのもいい。ごはんもお酒もやたらとすすむ。

ある週末、ビールを呑みながらのり塩味のポテトチップスを食べていたら、ふとこの味をおかずにしてみたくなって、じゃが芋、里芋、長芋などいろんな芋で試してみた。どの芋も合うが、とくに長芋で作ると軽さが出る。長芋は生でも食べられるから、揚げ時間を浅くしてシャクっとした食感を残してもいい。味つけは軽い塩とポン酢のみ。ポン酢のわずかな酸味がアクセントになって、青のりの風味を引き立てる。一緒に塩豚も揚げ焼きしてのり塩仕上げにすると、ごはんがすすみすぎるおかずになる。

材　料

長芋 ……… 10cm
片栗粉 ……… 大さじ 1
ごま油 ……… 大さじ 3
ポン酢 ……… 小さじ 2
塩、青のり ……… 各適量

作り方

❶ 長芋は皮をむき、縦に食べやすくランダムに切ってビニール袋に入れ、片栗粉をまぶす。

❷ フライパンにごま油を温め①を並べる。中火でじっくり5分ほど揚げ焼きし、いい色になってきたら返しつつこんがり焼く。なるべくさわらないことが肝心。かりっと焼きあがったら油を切ってボウルに入れ、塩をふって青のりをたっぷりまぶし、ポン酢をからめて器に盛る。

4章

親子だもの

親になったが子でもある

謝罪ぶりかま

家で原稿を書いていたら、ピンポンが部屋に鳴り響いた。

もしやと思って玄関を開けると、やっぱり。近くに住む父が、ぶりを捌いてかまの部分をビニール袋に入れて届けに来た、いや、来てくれたのだった。

というのも、父とはその少し前の正月早々から派手に喧嘩をしていた。久しぶりに芯から頭にきたので、しばらく冷戦状態が続いていたのだ。

もう血気盛んな若者ではない私。だから怒りの感情を抱えつつも、一方でこの状況を俯瞰していた。私とて、いつまでも高齢の父と喧嘩しているのは嫌だ。さりとてなし崩し的に普段どおりに戻すのも釈然としない。許すことも大事だけれど、自分の気持ちも大事。もう何回、同じパターンで喧嘩してきたことだろう。だからこそ、こうやって喧嘩になったときにこそ、なんで相手を怒らせたのか振り返って欲しい。そんな淡い期待を込めて怒りの仮面を外さないようにしているのだ。なし崩し的になかったことにするよりはマシ、という消極的な選択の末の喧嘩続行。

きっと父が手にしているぶりかまは、謝罪の意味もあるのだろう。謝ることが苦手な父はいつもこうやって少しずつ、じりじりとごめんなさいの仕込みをしてくる。私も百も承知だ。

玄関を開けると、ラフな格好の父が立っていた。

「おう、これ」

無愛想なトーンでぼそっと言うとぶりかまとなまこ酢の入った袋を差し出し、さっと背を向ける。

なまこ酢は私の好物。酒を愛する父が選ぶつまみは、悔しいけれど間違いない。

私の酒好きは父譲りだ。母はそれほど呑まない。幼い頃は深酒して帰宅した父が、寝ている私や弟のほっぺたに剃った髭をすりすりしてくるのを嫌がった。お酒を呑む大人って酒臭いし自分勝手だしほんとイヤ。ところがどうだ。いまは私が娘に嫌がられている。「お母さんさ、酔うとだんだん声が大きくなるよね。あれマジで恥ずかしいからほんとやめて」。どうもすみません。そんなところも父親譲りだ。

ぶりかまの入った袋を私に手渡しながら、とくに父から言葉はなかった。多分どんなに待っても、私が求める言葉は出てこないだろう。長年娘をやってきて、そのあたりはもうわかってしまった。よほどのことがない限り、昔気質の父が謝ってくることはない。

家族とは、本当に不可解な共同体だ。最も近い人だからこそ、他人になら絶対に言わないような無遠慮な言葉がつい出てしまう。ふと本音をもらせる安全地帯であると同時に、あっという間に精神的な取っ組み合いがはじまる危険地帯でもある。

昔はお互いに若くてワイルドだったから、感情むき出しでぶつかり合って泣いたり怒鳴ったりしてきた。とくに10代半ばから後半は、気分はさながら戦国時代だった。暑い寒いで気分が乱高下する瞬間湯沸かし器的な父と、思春期特有の常時戦闘態勢的ホルモンを持てあます生意気な私の組み合わせは、混ぜるな危険の化学薬品みたいなものだった。だから社会人になってすぐにひとり暮らしをはじめたときは、咳をしてもひとりの静寂とひたすらの平和が嬉しかった。ああ、戦のない世は最高だ。気分は家康。

それなのに、社会人になってしばらく家族と会わないでいると、ふと家族を思ったりしはじめた。あんなに喧嘩していたはずなのに。あんなにうんざりしていたはずなのに。距離を置くと、過ぎ去った日々が突如愛おしく感じられてくる。

しかし、それは単なる時間と距離のマジックだった。案の定、久しぶりに家族で集まると、しばらくはいい感じで会話が進んでいると思いきや、また同じような流れで言い合いになるのだ。なんなんだこのお約束は。まさに悪夢のデジャヴ。大人になったはずの20代後半になってもなお、正月の父と私の喧嘩は恒例行事で、今度こそは穏便に過ごそうと思いながら、結局は同じパターンを繰り返す儀式のようなものになっていた。ふり返ると母も弟もいい迷惑だったはずだ。ごめんね馬田家のみんな。

そうやってうんざりするほどぶつかり合ってきたのに。それでもやっぱり、季節が巡るとそろそろ家族で集まりたいと思うのだ。今夜は穏便に過ごせるかなあと思いながら、実家に向かう不思議。

数年前に父もめでたく77歳になり、喜寿のお祝いに記念のアルバムを作った。オンラインの写真編集サービスを使い、父の幼少期から最近までの77年間を、選んだ写真にキャプションをつけて一冊のブックに仕上げたのだ。言ってみればこの作業、編集者とライターを長く生業としてきた私の専門分野だ。自然と気合が入った。我ながらいい出来だったと思う。父もとても喜んでくれた。

その作業のために、父の部屋にあった古いアルバムを片っ端から開いては、めぼしい写真を一眼レフで撮り直してデータ化した。ページをめくり撮影を繰り返しながら、ちょっと前までは、アルバムとは紙焼き写真が台紙に貼られたものだったことを思い出した。

　昭和15年生まれの父の写真は、生まれてからしばらくはモノクロだった。1冊目の紐綴じの分厚いアルバムの中で、70年以上前の紙焼き写真は黒い部分は色褪せ、白い部分もクリーム色に変色していた。そういった物理的な変化が、時間の流れを実感させた。

　そこに写る昭和初期に暮らす人たちは、洋服の人と着物の人、靴の人と下駄の人が混ざっている。祖父と祖母は着物、父や叔父や叔母は洋服だ。そして戦後しばらくは物不足がひどく、裸足《はだし》で小学校に通っていた友達もいたという。同じ国なのに、昔と今ではなにもかもが違いすぎる。物に溢れ、便利すぎるいまの世に生きる私には、到底わかり得ない厳しい時代なのだった。

　アルバムをめくると、家の庭で家族と並ぶ幼い父にはじまり、野球少年の父、海パン中学生の父、高校の文化祭でおどける父、極太黒縁メガネをかけた大学生の父がいた。お前、女のくせに生意気なんだよ、とか言いそうだなこの九州男児は。もしも父と私が同級生だったら、きっと派手に言い合いでもしていただろう。

　次のアルバムは透明なシートで紙焼き写真を覆う形式だ。今度は父になる前の若いサラリーマンの父、結婚したての嬉しそうな父が登場し、このあたりから写真はカラーに変わった。いわゆる高度経済成長期だ。そして私が生まれ弟が生まれ、父が父になっていった。

ここからは幼い私や弟と一緒に家族と過ごす父がしばらく続き、それらは私の記憶と重なる。いまの私の年齢よりもずっと若い30代の父が、父親の役割を担っている写真。それはなんとも不思議な感覚だ。父も母も、ぎりぎりのお金でぎりぎりの暮らしをしていた時代。家のベランダで子どもと遊んでいる写真も、顔つきがどことなく真剣だ。人が真剣に暮らすさまは、それだけで美しい。思わず写真の中の父と母の顔を撫でた。子育て頑張れ、と声をかけたくなった。

やがて私たち子どもも大きくなり独立してからは、今度は母と旅する父の写真が続き、そして最近になって、孫と微笑むおじいちゃんになった父が登場する。

このあたりの写真はほとんどが私が撮った最近のものだ。幼い孫といる父は、そんな柔らかい表情が一体どこに隠れていたのかと思うほどにこやかだ。もっとも、歳を重ね、万事に余裕が生まれたせいもあるのかもしれない。

そうやって写真を見ながらつくづく思い知った。父になる前の父は、私がほとんど知らない父だった。きっとこのモノクロの時代は、教育の内容も社会情勢も世の中の論調も、そして家族の在り方も、いまとはおよそ違ったのだろう。なによりもまだ国が貧しかったし、家族という共同体の関係も、いまよりずっと家父長制と男尊女卑が強烈だっただろう。そんな世界で親の世代は育ってきたわけだ。男も女も、いま以上にそれぞれの性別ならではのプレッシャーが強かったんじゃなかろうか。男はつらいよ、でも、女はもっともっとつらいよ。そんな時代だったんだろう。

私は父のことを知っているようでいて、実はほとんど知らなかった。それなのに、不思議と知っているような気になっていた。幼い頃に一緒に過ごした濃密な時間が、そう思わせていたのだろうか。

少なくとも家族と一緒にいるときの父は知っている。だがそれは、父という人間のごく一面だ。父は大阪で長く単身赴任をしていた時期もあり、父と私が一緒に暮らしたのは77年間のうちの４分の１程度だ。こうやって改めて考えてみると、もう育ててもらった年数よりもずっと、長い月日が経っている。

謝ることが本当に苦手で、それでもぶりかまを携え私の家を訪ねてきた父は、結局ごめんとは言わなかった。小声でいいからひと言言ってくれたらいいのに。無言で去る父の背中を見送りながら、心の中で小さく呟く。

「ぶりかまとなまこ酢、ありがとね」

父から袋を受け取って玄関を閉め、袋からぶりかまを取り出すと、さっと洗って水気をふき取り、塩とすりおろしたにんにく、オリーブオイルを塗り、ローズマリーをちぎってのせてマリネした。今夜はこれをグリルで焼いて、メインのおかずにしよう。あとはトマトソースのパスタでも作ろうかな。

しばらくすると学校から戻った娘が冷蔵庫を開け、マリネ済みのぶりかまを見つけた。

「それ、おじいちゃんが持ってきてくれたんだよ」と言うと、

「え、お母さんたち仲直りしたの？」と聞いてきた。

娘は正月の大喧嘩を特等席で見ていたわけで、その後の様子が気になっていたのだ。

「いや、まだ喧嘩中だよ」

そう答えると、

「長いねえ、もう仲直りすれば」と呆れ気味に言った。ま、そうなんだけどね。

おかげさまで私もすっかり大人になった。だから、不器用な父が繰り出すごめんなさいの仕込みを愛しむ心も持ち合わせるようになった。父ももう高齢だから、喧嘩するぐらい元気でいてくれることすら、ありがたいとも思う。

がしかし。それでもやっぱり腹は立つのだ。だからその気持ちをうやむやに誤魔化さずに伝えるのだ。たとえ喧嘩になるとわかっていても、お互いにイヤな気持ちになるとしても、伝えることをやめないことがきっと大事。だって私たちは、せっかく家族なのだから。

下戸《げこ》がほやを捌く

母の日々の料理は、丁寧に作られていたように思う。

とくに凝ったものや珍しい料理が並ぶわけではなかったが、基本的に作業が丁寧な人なのだ。器も高価なものがあったわけではないけれど、手頃な中からちょっと気の利いたものを探してくるのが得意だった。

幼い頃は自分の家での食事がすべてだからよそと比較のしようがないが、大人になって家以外の場所で食事をするようになると、そのことがわかってきた。うちのごはんは、切り方や盛り方などのあしらいが丁寧だったのだ。

だからてっきり、母は料理が好きなのだと思っていた。

ところが。ある日母に聞くと、「べつに料理は好きじゃなかったわ」と返ってきた。え、そうなの。料理を作ったり家のことをあれこれするのが大好き、というわけではないと言う。そうではなく、自分が暮らす場所を好きなように整えて、心地よくありたい。料理も同じで、特別な思い入れはないけれど、せっかく毎日作ってみんなで食べるのだから、少しでもおいしく美しい方がいいじゃない、というのが母の持論なのだった。その昔、買ってきた刺身を適当に皿に盛っていた私を見て、母はそんなことを言っていた。

じゃあ、私は母のどんな料理が好きだったのだろうか。するとなぜか、副菜ばかりが思い出された。ほやの三杯酢、千切り長芋にとんぶりとおかか、れんこんのピリ辛きんぴら。なまこ酢が出たこともあった。

特に母はほやが好きだった。一緒に魚屋に行っても、ほやが売っていると必ず買い求め、家の流しで包丁を入れて捌いた。そして私は、その様子を傍から見ているのが好きだった。

赤黒く、毛のようなものが生えたラグビーボールみたいな奇妙な塊。それをつかみ、躊躇せずに包丁を入れると、中に閉じ込められていた海水が一気に溢れ出て、一緒にマンゴーのような鮮やかな黄色い中身が出てくる。それはまるで、海から運ばれてきた珍奇な生き物が飛び出してきたかのようで、爽快な瞬間だった。新鮮なほやは潮の香りをしっかりまとっていて、噛み締めるとほんのり塩っぱく、微かな酸味が余韻のように残る。そして、圧倒的に海を感じる。まるで海の波の飛沫を味わっているようにも思えた。母の育った北海道の海も、こんな味がしたのだろうか。

そんなわけで、ほやなまこは家の食事の副菜としてごく普通のものだと思っていた。だから大人になり、それらが酒場の酒のあてに重宝される類のものだと知ると、いやいや、合わせるべきは酒よりごはんでしょと随分と不思議に思っていた。やがて自分もお酒を呑むようになると、それらはごはんにも酒にも合うものだと納得するようになった。

ほとんどお酒を呑まなかった母だったが、潜在的に辛党の舌だったのかもしれない。ハンバーグやポークソテーなど子どもが好きなものもよく作ってくれたが、母の料理で圧倒的に覚えているのは、渋い副菜たちだ。主菜は家族を意識しつつ、副菜にこそ母の好みや本音が色濃く出ていたからなのかもしれない。

『おかめ』の時間

都内の私立高校に通っていた私は、いつもお腹がすいていた。とくに放課後がピークだった。地下鉄の日本橋駅で乗り換えて通学していたのだが、当時母が働いていた職場がちょうど日本橋にあり、ときどき母の仕事終わりに待ち合わせることがあった。狙いはひとつ。日本橋の『おかめ』という甘味屋さんで、あんみつを食べたかったからだ。

部活のない放課後、母の職場を訪ねると、母は忙しそうに働いていた。少し離れたところから入り口の階段の下で待ってるよとジェスチャーをすると、了解したとアクションを返してくれた。１９８０年代、まだスマホどころか携帯電話すらない時代。なんでも直接交渉一択の頃だ。

『おかめ』は甘味屋さんだが、雑煮やラーメンもあった。本当はそっちの塩っぱい系も食べたいところだが、夕飯に響くからと母に言われ、いつも断腸の思いで諦めてアイスクリームをのせたクリームあんみつを頼んでいた。私が雑煮やラーメンを食べられる日は来るのだろうかと、メニューを眺めながらいつもぼんやり思っていた。

　あんみつは、あんこのほどよい甘さにフルーツの酸味や求肥の甘さなどのアクセントが華やかで楽しい。土台となる寒天は、つるんぷりんとした食感と、ほぼ食物繊維でカロリーが無きに等しいというところもティーンには嬉しかった。濃厚で冷たいアイスクリームが溶けかかったところを、こくのある黒蜜と一緒に、さっぱりとした寒天にからめて口に運ぶ。ときどき入ってくるえんどう豆の塩っけで甘さが強調され、やがてそのリズムに飽きると、みかんやさくらんぼの酸味でひと息入れたり、求肥の柔らかさに甘えてみたりした。

　あんみつを食べながら、私は学校であったことをよく母に話していた。部活のこと、先生のこと、友達のこと。当時は部活のダンスに夢中で成績も下から数えた方が早かったが、母は注意するでもなくわたしの話を聞いてくれていたのだった。

　その頃はそれが当たり前だとしか思わなかったが、いざ自分が親となりティーンになった娘を育ててみると、そのありがたさがよくわかる。未熟で思い込みが強く、すぐ攻撃的になる思春期ホルモンに支配されているティーンとの会話は、なかなかに忍耐がいるからだ。うっかり軽く諭《さと》そうとしようものなら、親から説教攻撃を受けると察してにわかに反撃態勢の構えを見せるか、あるいは心のシャッターをいきなりガラガラと降ろす。そこにひとり残される親は、ムカつきつつも寂しく途方に暮れるのがオチ。だからティーンとの会話は、並々ならぬ忍耐がいる。でも母は、よく話の相手になってくれていた。そして勉強を強要することもなかった。あるいは期待していなかっただけかもしれないが。

『おかめ』では、忘れられない出来事がある。

高校3年生の冬、受験した大学にことごとく落ち、滑り止めのつもりで受けた大学すら落ちたその日、張り出された結果を見たあとに母と『おかめ』で待ち合わせをした。

自分の情けなさと恥ずかしさで消えたい気分だった私はあんみつを頼む元気もなく、その日、はじめてラーメンを頼んだ。ついに塩っぱい系のメニューを頼むときがきた。そうか、いまだったのかと妙に納得した。

滑り止めにも滑った自分。つるつると軽やかに全滅した自分。さすがに恥ずかしく、ラーメンの丼の中ばかり見ていた記憶がある。全部落ちて家のお金を無駄遣いして申し訳ない、でも、やっぱり大学には行きたいから浪人していいかな。そんなことを話した。

すると母は、

「あなた、あんな程度の勉強量で大学に受かったら、受験生みんな苦労しないわよ」

と、ごもっともな感想を口にした。なんとも的確な、実に清々しいご意見だった。

「そうだよね、ははは」

乾いた笑いを返しながら、浪人確定となったティーンの残り1年を思い、暗澹たる気持ちで運ばれてきたラーメンを食べはじめた。

ふうふうとラーメンを啜りつつ、丼の中を見つめながら食べることに集中できる時間が救いだった。やがて中身を全部食べ終わり、スープを飲み干しながら思った。ああ、卒業式行くのやだなあ。高校で仲のよかった友人は優秀な子が多く、早々に推薦で大学を決めていたり、着実に勉強して志望校に受かったりしていた。気がつくと浪人するのは私だけ。人生そんなに甘くはない。塩っぱい時代のはじまりだった。

食べ終えると、相変わらず情けなくはあったが、同時に吹っ切れた気にもなれた。勉強が足りなかったなら、勉強するしかない。自分の現状を自覚するのに、母の冷静なひと言は実に的を射ていたのだった。

日曜日のじゃが芋お焼き

幼い頃、日曜日になると父がときどきごはんを作ってくれた。当時の父は得意メニューを繰り返すタイプで、お昼はじゃが芋のお焼きだった。すりおろしたじゃが芋に刻んだ玉ねぎとベーコンを入れ、つなぎに小麦粉を少し。よく混ぜたら塩と胡椒を加え、サラダ油で焼く。なん枚でも食べたくなる味だった。外はかりかり中はもちもちで、玉ねぎの自然な甘さにベーコンの塩気が利いていた。仕上げにしょう油をひゅっとまわしかけると、香ばしさが加わる。生地に胡椒も加えているからちょっとスパイシー。最初の2枚はそのまま食べて、3枚目からはポン酢をかけて味を変え、結局6〜7枚は食べた。

もういい大人になった最近のこと。父と実家で晩酌しながら、そういえばあの日曜日のじゃが芋お焼きはいったいどこで教わったのかと聞いた。すると「ポーランドの家庭料理を真似た」というとんでもない方向からの答えが返ってきた。インターネットで海外の料理レシピが瞬時に手に入るいまと違い、なん十年も昔の昭和のことだ。わが家は日曜日のテレビ番組『兼高かおるの世界の旅』を毎週欠かさず見ていたが、もしやあの中で紹介されていたのだろうか。あるいは誰かの旅や料理のエッセイにでも載っていたのだろうか。父はそういう類の本が好きで、本棚にたくさん並んでいたのだった。

父に聞いてもよく覚えていないという、伝承経路不明の異国の料理。でもわが家のメンバーはみな知っている。誰も行ったこともないポーランドの家庭料理が、いまやすっかりわが家の定番になっている。

材　料

じゃが芋……中2個
ベーコン……2枚
玉ねぎ……½個
小麦粉……大さじ1
サラダ油……大さじ2
塩、黒胡椒、しょう油、ポン酢
……各適量

作り方

❶ じゃが芋は皮をむいてすりおろす。玉ねぎはみじん切り、ベーコンは細切りにする。

❷ ①をボウルに入れ、小麦粉、塩、黒胡椒を加えてよく混ぜる。

❸ フライパンに油を入れて中火で温め、②の生地を丸く広げてかりっとするまで2〜3分焼く。裏返して同様に焼き、両面焼けたら黒胡椒をふって完成。しょう油やポン酢をつけながらいただく。

湯気プリン

幼稚園の年少から小学校3年生の夏まで札幌に暮らした。札幌は、当たり前だが冬が寒い。11月の終わりから春先まで毎日真っ白だ。大雪になると長靴のはき口から雪が入り込み、中がぐっしょりと冷たく濡れて辛い日も多かった。

そんなときに救われたのがあたたかいおやつだった。家の玄関のドアを開けて甘い香りがすると、台所に直行する。黄金色の大きな蒸し器からしゅんしゅんと湯気が立ち、甘い匂いを部屋中にふりまいていた。これはもう、プリンか蒸しパンのどちらかだ。どうかプリンでありますように。手洗いして前のめり気味にテーブルに着くと、母が陶器のカップに入った蒸したてのプリンを皿にのせてくれた。それはまだほわほわと湯気を立てていた。

緊張感のあるつるんと滑らかな表面に思い切ってスプーンを入れ、最初のひと口をふうふう言いながらすくって食べる。卵と牛乳の穏やかで平和な香りとふるふるの食感に、しばし酔う。さらにひと口、もうひと口と無言の集中で食べていると、やがて下からカラメルソースがじんわり染み出てくる。淡い黄色に濃い赤茶色が混じり合う瞬間は、それまでの卵と牛乳だけの無垢な味が、甘くほろ苦いソースに支配される瞬間だ。なんてドラマティック。子どもながらに興奮した。と同時に、さっきまでの淡い味が急に恋しくなったりもして、まだソースに支配されていない淡い黄色の安全地帯にスプーンを滑らせたりもした。そうやってプリンにはいろんな楽しみ方があることを見つけてからは、それがまるで自分だけの秘密のように思っていた。

洋菓子店のプロが作った端正なプリンもいい。喫茶店で可愛らしく飾られたクラシカルなプリン・ア・ラ・モードも夢がある。でも、いまでもどんなプリンが一番好きかと聞かれれば、蒸し立てほかほかの、ちょっとすの立った家のプリンだ。

材　料　80ccのプリン型6個分

プリン

卵………2個

牛乳………1カップ

砂糖………大さじ4

マデイラワイン（なければ砂糖）………大さじ1

カラメルソース

砂糖………大さじ5

水………大さじ5

作り方

❶ カラメルソースを作る。鍋に砂糖と水大さじ2を入れて中火にかけ、煮詰める。焦げ茶色になったら残りの水を少しずつ加えて伸ばし（熱いカラメルがはねて危険なので手元に注意）、冷めたらバター（分量外）を塗った型に入れる。

❷ プリンを作る。鍋に牛乳を入れて温め、砂糖を加えて溶かす。

❸ ボウルに卵を割り入れてほぐし、②とマデイラワインを加え混ぜる。

❹ ざるなどで漉《こ》しながら①の型に入れ、蒸気の上がった蒸し器に並べてごく弱火で15分蒸す。蒸し上がったら粗熱を取り、冷蔵庫で冷やす。

❺ お湯などで型の底を温めてカラメルを溶かす。型の上から皿をかぶせ、逆さにして振ってプリンを取り出す。あればマスカルポーネチーズを添える。

気ままに白玉団子

甘いも、塩っぱいもお好きに。

材料

白玉粉……1袋
黒蜜、和三盆糖、きな粉、
焼きのり、しょう油……各適量

作り方

❶ボウルに白玉粉と袋に表示された水（分量外）の4分の3量を入れ、練り混ぜる。混ざってきたら残りの水を少しずつ加え、ようやくま

キッチンはおもしろい、と思えた最初の料理が白玉団子だった。水さえあれば簡単に作れるし、食べたときの満足感も大きい。でも簡単だからこそ、ちょっとした違いが味わいを大きく変える。

40年以上前の小学生の頃、理想の白玉団子に出会った。家族で長崎県の島原にあるかんざらしのお店『銀水』を訪ねたときのこと。タイル張りのカウンターに座ると、切り盛りしていた女性が、湧き水を引いた水色の水場の中から小粒の可愛い白玉を手ですくってガラスの器にぽろぽろと入れ、淡い甘さの琥珀色のシロップを注いで出してくれた。その水に触れる女性の手の美しい皺、ひんやりつるんとした食感、シロップの優しい甘さまでが、はっきりと記憶に残っている。島原には冷たくて綺麗な湧水場が町のあちこちにあるから、あんなにも繊細な白玉団子ができるのだろう。島原市の観光ページには、こんな説明があった。〈かんざらしとは、白玉粉で作った小さな団子を「島原の湧水」で冷やし、蜂蜜、砂糖等で作った特製の蜜をか

とまるくらいに練る。小さく丸め、真ん中を指で押してくぼませる。

❷ 氷水（分量外）を用意しておく。①をゆでる。白玉が浮いてきたら1分待って氷水に取る。

❸ ②のいくつかは水分をふいて表面をさっと焼き、しょう油を塗って磯部焼きにし、のりを巻いていただく。

❹ ②の残りは器に盛り、好みで和三盆粉や黒蜜、きな粉をつけていただく。

けたもの～中略～原料となる餅米を大寒の日に水にさらすことから「かん（寒）ざらし」と呼ばれています〉

　数年前、母と私、娘の3人で再びこの店を訪れた。実は大正時代から続いていた『銀水』だが、平成の後半に一度閉じられたそうだ。しかし、閉店を惜しんだ地元の有志たちの手で、数年後に再開されたと聞いた。たくさんの人の心に残るかんざらしは、自然が育む湧水と地元の有志たちによって、いまも作られている。

　ところでこの店の白玉は粒がとても小さく、これが淡い甘さのシロップに本当によく合う。東京に戻り、家で同じように真似てみたが、似て非なるものになってしまった。やはり、島原の浜の川湧水のすぐそばでしか生まれないものなのだ。暑い夏に汗をかきながら店でいただくと、身体の中からすっと涼むことができる。旅の合間の小さな経験を、娘は覚えていてくれるだろうか。かつての私のように。

5章

私だけの航海を続ける

そして楽しく生きる

食堂を開く

『ポルトガル食堂』という名の食事会を、毎月自宅で開いている。ポルトガルで出会った料理を作り、合うワインを選び、それらを楽しんでもらう会だ。ゲストはワインを呑みながら、料理を作っているところを眺めることもできる。

ポルトガルらしさを感じられる代表的な料理に〈豚とあさりのアレンテージョ風〉がある。パプリカペーストに漬けた真っ赤な豚肉をフライパンで香ばしく焼き、そこにあさりを加えてふたをして蒸し焼きにし、貝が開いたらふたを開ける。食欲を刺激する蒸気が一気に立ちのぼり、フライパンの中では豚肉とあさり、あさりの出汁がぐつぐつと沸いている。その光景に歓声が上がる。料理はときとして、できあがり以上に鍋中の過程がおいしそうだ。だからそれをつまみに呑むのもこの会の楽しみ方だ。

料理やワインに興味を持つゲストが多いが、全員がそうではない。友人やパートナーに声をかけられて半ば巻き込まれた感じの人もいて、そんな事情もおもしろい。初対面同士なので最初こそ緊張感があるが、乾杯して少し経つと自然と会話が生まれる。なかには、気の合う人同士で新しい関係が生まれたりもする。

毎回ほぼ初対面のメンバーで過ごすこの会は、文字どおりの一期一会だ。２０１３年の7月からはじめ、コロナ禍で2年半ほど休んで再開し、そろそろ10年目になる。最近は遠方からのゲストも増え、自分にも欠かせない大切な場になった。

はじめたきっかけは、保育園で出会った親仲間のひと言だった。

ある週末、園の親子30人ほどが集まり、引っ越しが決まった家族とのお別れ会を開いた。その日の料理を準備した私に、ひとりが声をかけてくれたのだ。

「すごくおいしかった。馬田さん料理教室とか開いたらいいのに。きっと向いてるよ」

そうか、私がやってもいいのか。

いつも仕事でシェフや料理人を取材する立場だったから、自分の料理は趣味にとどめるべきと考え、仕事にするという発想がなかった。自分は取材者だからと自ら決めつけていたのだ。誰に強いられたわけでもない完全なる思い込み。でもこの思い込みこそが、人の行動を強く抑制する一番の理由だったりする。本当は誰がどこでなにをしたっていいのに、いつの間にか自分をある種の枠にはめ込んでしまう。当時の私も、知らぬ間にその思い込みに囚われていた。そんなとき、保育園の親仲間の彼女のなにげないひと言は、この道しかないと頑なになっていた自分に「こっちからも行けるよ」と新しいルートを教えてくれたのだった。

しかもその頃、私はもやもやしていた。せっかくポルトガルをまわって本を書いたのに、出産後は忙しすぎてなにもできていない。時間とお金と労を費やして自ら知り得たことを、公に紹介する場がない。いつの間にか、日々子育てと食べるための仕事を必死に遂行するだけの、透明な存在になりかけていた。

このままでは、子どもを持つ前のかつての自分が跡形もなく消えてしまう気がする。少しずつでも取り戻したい。そのためにも、ポルトガル料理とワインを紹介する教室を開こう。そう決めたのだった。まずは月に1回、子どもを保育園に預けられる土曜日の昼の数時間から。ゲストはダイニングテーブルに座れる5名まで。食材の買い出しからメニュー決め、ワイン選び、仕込み、デモンストレーションの見せ方など、参加者の感想を参考に、少しずつメニューやりワインのバリエーションを増やしたりして会の形を探っていった。いつしか参加者の口コミがお客を呼び、回を重ねていまに至っている。

長く続けてきてわかったことがある。なんといってもこの会は、参加者の勇気と好奇心に支えられているのだ。

「どんな感じかよくわからないけど、おもしろそうだから行ってみよう」と、思い切って参加を決めた勇者たち。好奇心最優先タイプの人たち。そんな人たちが集まると会話もおもしろい。食や旅の話題を中心に、国内や海外の旅話やディープな飲食酒場情報、気になる本や映画やドラマのこと、あるいはもっと普遍的なトピックになって、誰かのひと言にはっとさせられることもある。これらはすべて、人が集うからこそ味わえる雑談の醍醐味だ。

会が終わりひとりテーブルを片づけているとき、私はいつも心地よい疲れとともに、自分の心が満たされていることを実感する。そして思う。人は人と関わることそれ自体に力をもらうのだと。長く繋がらなくても、ほんの一瞬袖触れ合うだけでもいい。ましてや張り切って「誰かの役に立とう」なんて思わなくても、人は人と関わる限り、知らぬ間に誰かの人生に影響している。少なくとも私は、保育園の親仲間だった彼女のひと言に、あのときいたく救われた。彼女の率直な感想が、わたしの生き方の幅を広げてくれたのだ。

ボジャドール岬を越える

わからないものは怖い。未経験なことは恐ろしい。わからないから、勝手に想像して悲観したり絶望的になったりする。

たとえば、15世紀初頭の大航海時代初期には、まだこの世に世界全体を正しく把握する地図もなく、ヨーロッパの船乗りはみな、アフリカ西岸のボジャドール岬の先は海が煮えたぎり、その先に進むと人は焼き尽くされ、生きて帰れないと本気で信じていた。ちなみにこの岬、現在の世界地図で見ると、岬未満の小さな出っ張りでしかない。

私が20代の頃、50歳はまさにボジャドール岬だった。『サザエさん』家の磯野フネさんと同世代。漂う大御所感。女という生き物として、あの岬を越えるとどうなるのだろう。当時は想像するのも怖かったのだ。だってわからないから。

そしてついに数年前、岬を越えた。あっけなくてちょっと笑った。海は煮えたぎっていなかったし、私は焼き尽くされもしなかった。岬の先は海も陸地も広々と続いていて見晴らしもいい。なんなら経験値が増えて航海技術も上がり、自分の船をやたらと危険に晒《さら》さない知識が備わった分、前に進む恐怖心が和らいだ。そう、50という岬はただの通過点だった。

それよりも警戒すべきは、40代後半からのことだ。私は知らぬ間にホルモン大航海時代の復路に突入していて、気がつけばビッグM、更年期と呼ばれる嵐に巻き込まれた。こっちは手強い。でも、事前に危険を知っているだけでかなり対処できる。

この嵐はなんの気配も予兆もない。そこが厄介だ。たとえば、天気もよく海も静かで凪《なぎ》だなと思っていたら、突然無気力の嵐に襲われて動けなくなったりする。こんなに天気がよくて外は楽しげなのに、私ときたらまったく活動意欲が湧かない、すべてがつまらなく感じる、とか。あるいはちょっと移動したら、レストランの席に着いた途端に大量の汗が止まらなくなったり、突然偏頭痛に襲われたり。なんなんだこれは。それからしばらくして、そうか、自分はいまホルモン大航海時代の復路を進んでいるのかと気がついた。そうだよ、そもそも人は、終始ホルモンに翻弄される動物だったじゃないかと思い出した。それからは、友人に相談したり産婦人科を訪ねたり自分なりに調べたりしているので、調子が悪くなってもさほど不安にはならない。事情がわかれば怖くはないのだ。

思えばこの50年で、私はなんとなく生きることをわかったつもりになっていたのかもしれない。予報で予測できる天気や、時刻どおりに走る電車や飛行機のように、コントロールされた環境に慣れすぎていたのかもしれない。もちろんそれは大間違いで、自分は思っているよりもずっと、複雑で不安定な生き物だ。さらに２０２０年から2年半続いた新型コロナウイルスによるパンデミックでは、死や病がすぐ身近なところにやってきた。あの時期を経て、生きているということは本当は不確定なことだったのだと、痛いほど思い知らされた。ここまで生きてこられた自分は、ただただ運がよかっただけなのだ。

　だからめでたく岬を越えたとき、すっかり大人になった自分はもはや、生かされていること自体がありがたいという心境になっていた。宇多田ヒカルが名曲『道』で〈人は皆生きてるんじゃなく生かされてる〉と歌っているように、生きているのは自分の意思のようでいてそうじゃない、と思うようになった。

　でもその一方で、そう簡単にすべてを悟ることはできない。50年生きてきたという事実は、人の身体に極めて切ない現象を生み出す。鏡を見れば、顔まわりのシワやシミ、髪のツヤやハリ、あるいは小さい字が読みにくいとか、長時間ヒールが履けないとか、似合う服が見つけにくくなったとか、乾燥がひどいとか酒に弱くなったとか、そんなミニマムだけどやっぱりなんとかしたい悩みや憂いも出てくる。けれど、それはまあ仕方ない。だってこの身体は、すでに50年以上もたくましく航海してくれているのだ。

　というか、老化はもっと前からはじまっていたはずだ。ずっとろくにケアしてこなかった自分、どうなのよ。むしろ50年以上働いてくれている自分の全パーツに、よくぞ頑張ってくれていると心から感謝だ。そしてこれからは、まめに自分を手入れするのだ。はげたペンキを塗り替え、折れかけたマストを補強し、帆を張り直したりしていくのだ。岬を越えたら、自分自身のメンテナンスという新たなテーマが現れた。これからは、自分を堂々と大事にするセルフケアの季節なのだ。それってちょっと楽しみでもある。

果たしてこの先、60歳、70歳、80歳、なん歳まで生きられるのだろうか。人は誰ひとりとして自分の寿命を知らない。この一点において、人はみな平等だ。

フライパンホットサンド

未知のウイルスに世界中が大混乱した、パンデミックの2年半あまり。家に缶詰状態だった時期があった。いよいよ仕事も少なくなり、ややもすると考えがネガティブに傾きがちになっていた頃、これではいかんとひたすら映画やドラマを見ては、自分を元気づけていたことがある。その中で好きだったひとつが、『シェフ（邦題・シェフ・三つ星フードトラックはじめます）』だ。

この映画はロードムービーであり、再生の物語であり、父と息子の成長譚《たん》でもある。コミカルであたたかいストーリーもグッとくるのだが、なにより映画に出てくる料理が抜群においしそう。しかも、料理を作るシーンが工程を追って見せるドキュメントタッチだから、なぜこの料理がおいしいのか、その解説を見ているかのようなのだ。

物語の主役格でもあるスパイシーなキューバンサンドイッチは、この映画が公開された当初、世界中でこのサンドをオマージュする店ができたほど。ほかにも、主人公がスカーレット・ヨハンソン演じる元恋人モリーの家で作る深夜のペペロンチーノや、息子のパーシーの朝食に作る外かり中とろのグリルチーズサンドなども、なにげないのに目を奪われるほど魅力的で、思わずひと口ちょうだいと言いたくなる。しかもどれも身近なメニューだから、自分でも作れそうなのがいい。さらに、食べているときの役者たちの表情が秀逸で、見ているこちらは幸せな瞬間を目撃した気分になる。あんなふうに人を食事で喜ばせたいし、自分もあんなふうに食事を楽しみたい。

学校が休みだった娘と家でこの映画を見たあとは、無性にキューバンサンドイッチが食べたくなって思わず食べられる店をスマホで検索した。結局タイミングが合わず店には行けなかったが、それからほどなくわが家では、あの気分をまとったホットサンドが流行りはじめた。

ホットサンドを焼くときにいつもイメージするのは、映画のエンドロールの映像だ。監督主演をしたジョン・ファブローに、料理監修をしたロイ・チョイがグリルチーズサンドの作り方を教えているオフショットなのだが、そのときのロイ・チョイのコメントが真意を突いているのだ。

たとえば「中身が溶けてサンドが進化する」という解説。そう、ホットサンドの肝は一体感。サンドした具を上下で加熱して挟むことでほどよく中のチーズなどの具が一体化し、特別なものになる。あるいはサンドを切るときの「外科医みたいに正確にカットする」「いいか、これだけに集中しろ、世界に存在するのはサンドだけ、失敗したら世界が終わる」という台詞。ユーモアを込めつつも、料理に限らずなにかを作ろうとしているときは、目の前のことに全神経を集中すべし、というメッセージがある。ほんとそれ、なのだ。

ホットサンドといえば専用の器具が必要なイメージだが、そんなことはない。映画でも、父のカールが息子に作るチーズサンドは器具で挟まず、鉄板の上で両面を焼くだけだ。わが家では、鉄板代わりにフライパンの上にサンドを置く。さらに上からぎゅっと圧をかけて一体感を出したいので、サンドの上に小さなまな板をのせて圧のかかりを均等にし、その上に重たい鋳物鍋のふたをのせる。そうすると、こんがりと均一に焦げ目がついて中の具と溶けたチーズ、パンが一体化する。

両面バターで香ばしく仕上がったら、まな板にのせて包丁でスパンとカットする。このときの気分はいつも、エンドロールに出てくるロイ・チョイだ。

「いいか、これだけに集中しろ、世界に存在するのはサンドだけ、失敗したら世界が終わる」と脳内で自分に呟いてカットする。美しい断面は気持ちがいい。完全なる自己満足。切ったばかりのでき立てを皿にのせ、娘に渡す。「いただきます」と言って、大きくかぶりついたときに聞こえるひと口目のかりっと乾いた音は、映画で見たあのシーンのよう。最高に心地いい。

ゆっくり起きた週末の朝に、コーヒーを飲みながらでき立てのホットサンドを味わっていると、朝から小さな達成感に包まれる。日々繰り返す生活の中で、ああ、これこそがとっておきの時間だと噛み締める。私にとって生活を楽しむということは、たとえばこんな瞬間のことだ。身近にあるものを使って、できるだけおいしいものを作ろうと工夫したりしながら、自己を満足させるのだ。

そして生活は続く。人生も続く。私たちが生かされている限り。

フライパンホットサンド3種

ホットサンドに野菜を挟むと、結構な量の野菜がするりと食べられてしまう不思議。そのうえ野菜そのもののおいしさも実感できる。

わが家の三大ホットサンドはキャベツとレタスと玉ねぎ。キャベツは千切りにして塩と胡椒でさっと炒める。春キャベツはふんわりみずみずしく、冬は甘みもうま味もぎゅっと詰まっていてそれぞれいい。生野菜なら断然レタス。パンにハムをのせ、その上に笑っちゃうぐらいたっぷりのレタスを挟み込むと、空気ごとかじるような軽やかさが味わえる。薄切りの玉ねぎをワインビネガーで炒めるのもいい。ワインビネガーのうま味と酸味、玉ねぎの甘みが、ワインのおともに最高だ。夏はきゅうりもいい。きゅうりは薄切りしたら塩をふってしばらくおき、水気をふいて食感をぱりっとさせてたっぷり挟むと、かぶりついたときのぱりぱり感が快感だ。

パンは挟めるものならなんでもいいが、わが家は6枚切りの食パンが多い。旬の野菜を溢れるほどたっぷり挟み、さらにぎゅっと圧をかけながら焼くと、パンと具に一体感が生まれて別のなにかに進化する。具がはみ出したって一向にかまわない。いや、いっそはみ出したほうがかっこいい。家で作るものは商品じゃないんだから、好きなだけラフに大胆に。これはそういう類の自由なホットサンドなのだ。

キャベツのホットサンド

材　料

キャベツ ……… $\frac{1}{4}$玉

食パン ……… 2 枚

マヨネーズ ……… 大さじ 2

マスタード ……… 大さじ 2

オリーブオイル ……… 大さじ 1

バター ……… 大さじ 2

塩、黒胡椒、シュレッドチーズ ……… 各適量

作り方

❶ キャベツは千切りにする。パン2枚は内側にマヨネーズとマスタードをたっぷり塗り、左側のパンにシュレッドチーズを広げる。

❷ フライパンに油を入れて中火で温め、①のキャベツを入れて塩をふり、炒める。黒胡椒をふる。

❸ ①の左側のパンに②のキャベツを広げ、右側のパンで挟む。

❹ 空いたフライパンをさっとふいてバターを落とし、バターが溶けたらサンドしたパンを静かに置いて、上に小さなまな板と重いふた（なければ重い鍋など）をのせる。

❺ 弱火でじっくり3分ほど焼いたらそっと裏返し、同じように重しをして同様に焼く。両面がこんがり色づいて中のチーズが溶けたら完成。まな板にのせ包丁で狙いを定め、スパッと切る。

玉ねぎソテーのホットサンド

材料

玉ねぎ……… 1個
食パン……… 2枚
マヨネーズ……… 大さじ2
マスタード……… 大さじ2
ワインビネガー……… 大さじ2
オリーブオイル……… 大さじ1
バター……… 大さじ2
塩、黒胡椒、シュレッドチーズ……… 各適量

作り方

❶ 玉ねぎは薄切りにする。パン2枚は内側にマヨネーズとマスタードをたっぷり塗り、左側のパンにシュレッドチーズを広げる。

❷ フライパンに油を入れて中火で温め、①の玉ねぎを入れて塩をふり、ふたをして蒸し焼きにする。玉ねぎがしっとりしたらワインビネガーをふって炒めあわせ、酸味を飛ばす。黒胡椒をふる。

❸ ①の左側のパンに②を広げ、右側のパンで挟む。

❹ 空いたフライパンをさっとふいてバターを落とし、バターが溶けたらサンドしたパンを静かに置いて、上に小さなまな板と重いふた（なければ重い鍋など）をのせる。

❺ 弱火でじっくり3分ほど焼いたらそっと裏返し、同じように重しをして同様に焼く。両面がこんがり色づいて中のチーズが溶けたら完成。まな板にのせ包丁で狙いを定め、スパッと切る。

山盛りレタスのホットサンド

材　料

レタス……… たくさん

ハム……… 3枚

食パン……… 2枚

マヨネーズ……… 大さじ2

マスタード……… 大さじ2

バター……… 大さじ2

作り方

❶ レタスは大きめにちぎる。パン2枚は内側にマヨネーズとマスタードをたっぷり塗る。

❷ 左側のパンにハムを広げてレタスをのせ、右側のパンで挟む。

❸ フライパンを温めてバターを落とし、バターが溶けたらサンドしたパンを静かに置いて、上に小さなまな板と重いふた（なければ重い鍋など）をのせる。

❹ 弱火でじっくり3分ほど焼いたらそっと裏返し、同じように重しをして同様に焼く。両面がこんがり色づいたら完成。まな板にのせ包丁で狙いを定め、スパッと切る。

寝ぐせカスタードトースト

まだ娘が小さくて買い物に行く余裕すらなかった頃、無性にカスタードクリームを欲する時期があった。ケーキ屋さんに寄る時間もないからスーパーの買い物ついでにカスタードクリームを使った菓子を見るが、欲しいものがない。私が食べたかったのは、卵と砂糖と牛乳と粉だけで作った、シンプルなカスタードクリームだった。理想はポルトガルのジェロニモス修道院そばの菓子店『パシュテイシュ・デ・ベレン』で食べたような、卵香るクリームたっぷりのパステル・デ・ナタ（いわゆるエッグタルト）だが、当たり前だが近所では買えない。でもどうしても、あんな感じの卵香るカスタードクリームが食べたい。この小さな欲望をなんとか満たしたい。そうだ、材料を混ぜてレンチンする簡単なものなら自分でできる。それから何日も、レンジでカスタードクリームを作ることにはまった。

まだ授乳をしていた時期だったから、糖分を欲していたのかもしれない。でき立てのあたたかいカスタードクリームを器からスプーンですくっては、立ったまますごい勢いで食べていた。もう少しおやつ感が欲しいときは、湯気が立ちのぼるような熱々クリームをパンに塗り、表面を軽くトーストし、現地でナタを食べるときのようにシナモンパウダーと粉糖をふって食べた。

いまでも不意に食べたくなることがある。たとえば週末の遅く起きた朝など。寝ぐせのついた起き抜けのまま、カスタードクリームをレンジで作ってトーストにのせて食べる。パンケーキよりも手軽に甘い朝が楽しめて、これはこれでとても楽しい。

材　料

食パン………1枚
粉糖、シナモンパウダー………各適量
◎**カスタードクリーム**（作りやすい量）
卵黄………2個
コーンスターチ（または薄力粉）
………大さじ1と1/2
牛乳………1カップ
砂糖………大さじ3

作り方

❶ カスタードクリームを作る。ボウルに卵黄と砂糖を入れて泡立て器でしっかり混ぜ、コーンスターチを加えてさらによく混ぜ、牛乳を少しずつ加えてさらに混ぜる。

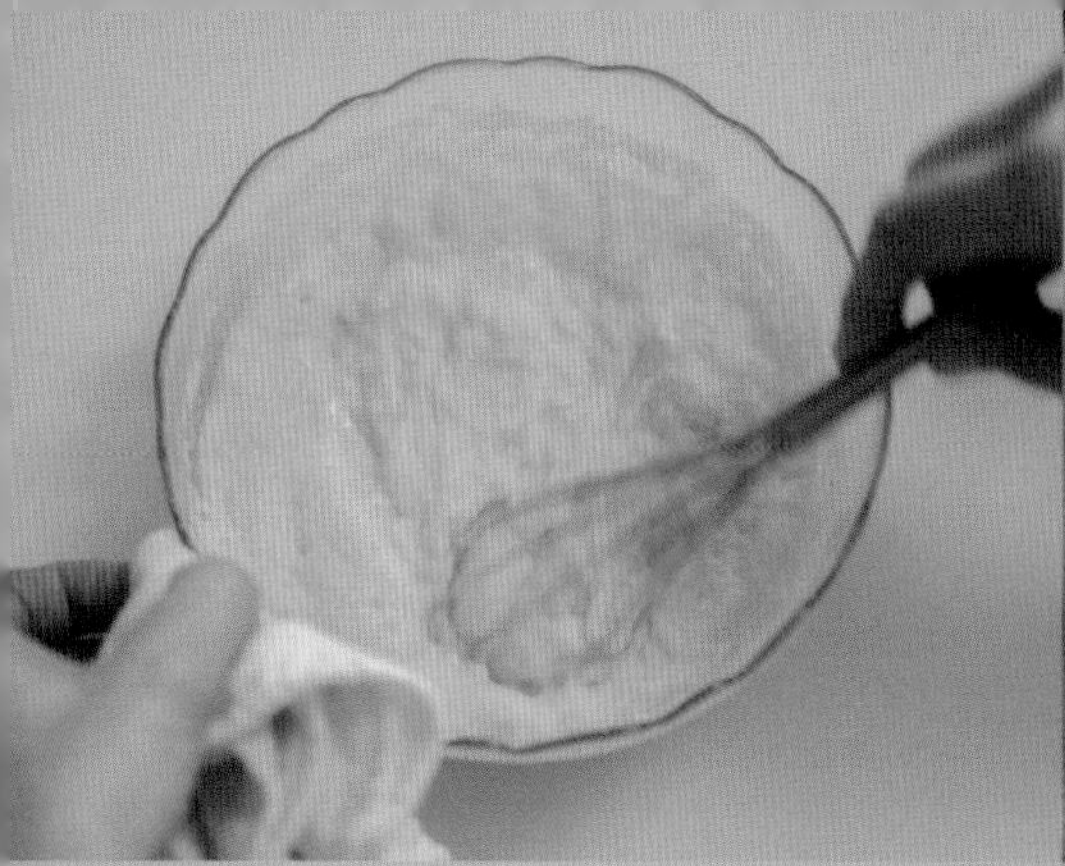

❷ 卵液がよく混ざったら目の細かいざるなどで漉《こ》し、耐熱性のボウルに移す。漉すことでクリームの口当たりがなめらかになる。

❸ ラップをかけずに電子レンジ（600W）で2分半加熱する。

❹ 取り出して周囲の固まった部分をしっかりと混ぜ込み、もう一度電子レンジで2分加熱する。

❺ 取り出してふつふつと沸くクリームを泡立て器でしっかり混ぜる。なめらかで熱々のクリームが完成。

❻ 食パンに⑤を塗って表面を軽く焼き、粉糖とシナモンパウダーをふっていただく。

とろ〜り甘〜い。

おわりに

さも、しっかり者のように思われかねない書き方をしてしまったかも。

書き終えてちょっと焦っています。実際、私という人間はたいがいです。

成田空港と羽田空港を間違えてフライトを逃したり。撮影取材の旅なのにカメラを置いて家を出て、駅からダッシュで戻ったり。親子で食事をしにいけば、娘に「お母さんお酒を呑むなら水もちゃんと飲んで」と、毎度厳重注意を受けています。それなのにこの本を書いている最中に、遠方から来た友人と家で呑んでいたらつい楽しくなって、上機嫌でトイレに体当たりしてフタをこわしました。でもまだ1年以上修理していません。そういう手配をつい後手にまわしがち。早くやれ、私。

2年前の春、「オイルサーディンを使った料理とエッセイの本を作りましょう」と声をかけていただきはじまったこの本。なのに、書き出したらオイルサーディンとは全く関係のない、およそ違う方向性のものが生まれたのでした。

なぜこうなったのだろう。

それはきっと、書きはじめた頃の私が内省モードの真っ只中だったからだと思います。というか、およそ2年半ほどの長きにわたったコロナ禍では、きっと世の多くの人がそうだったのではないでしょうか。時間があるとあれこれ考えますからね、人間って。

もう忘れはじめていますが、マスク生活が当たり前だったあのタイトな日々。仕事も減り、旅に出たり人と気軽に会うこともすっかりなくなって、毎日を家の中で過ごした結果、あらためて家族と向き合ったり、自分の本音を深く探る時間が生まれました。

私の場合、はじめのうちに考えていたのは、悔しかったり、悲しかったり、辛かったときのことでした。あのときああしていれば、あのときあっちを選ぶべきだったのか、そんなうじうじタイムがしばし続きました。暗すぎる。でも、ちょっと待て。よく考えたら、私はあのときあれ以上なにかできたのか。否。自分なりに頑張ったじゃん。やがて自分の考え方のクセに気がつきました。そして思ったのです。もう、できなかったことをいちいち自分の落ち度と捉えるのはやめよう。自分が精一杯やっても起こる問題は、そもそも自分以外のどこかに原因があるのでは。自分の見直しよりシステムの見直しだ。あるいは、そもそも人間が原因究明できるようなレベルをはるかに超えた運命だったのかも。っていうか、なんでもコントロールできると驕《おご》っていたよね、自分。所詮はホルモンに翻弄される、人間という動物なのに。

そんな独り言のようなものが形になったのがこの本です。

そして、一緒に本を作ってくれた仲間たち。オイルサーディン企画を携えて颯爽と現れた、編集者の田辺真由美さん。どんどん脱線していく原稿をおもしろがって受け止め、華麗に水先案内してくれました。写真家の伊藤徹也さんは、普段を普通にカッコよく撮って欲しいという自意識にまみれたお願いを合点承知と引き受け、ノンアルビールを飲みながら、料理のまわりの空気ごと切り取ってくれました。デザイナーの根本真路さんは、ただでさえ年輪厚めのウエットな文章の水分をほどよく飛ばし、おいしい店の胸躍らされるメニューのように魅惑的に仕立ててくれました。腕利きのみなさんに出会えて、私は本当に運がいい。

どっちに向かっているのかすらわからないこの航海は、きっと楽しんだもん勝ち。だから遠慮なく、存分にいまを味わうのだ。生かされている限り。

とりあえず私は、まずは今夜のごはんで自己を満足させようと思います。

あなたはなにを食べますか。

２０２４年夏　隅田川の水面が眩しい東京にて

馬《ば》田《だ》草《さ》織《おり》

1970年東京生まれ。文筆家、ポルトガル料理研究家。食や旅を軸に雑誌や書籍、WEBなどで執筆。ワインを楽しみ料理を味わう教室「ポルトガル食堂」を主宰。著書に『ようこそポルトガル食堂へ』（幻冬舎文庫）、『ポルトガルのごはんとおつまみ』（大和書房）『ムイト・ボン！ ポルトガルを食べる旅』（産業編集センター）。 badasaori

装丁　根本真路
撮影　伊藤徹也
編集　田辺真由美（TAC出版）

ホルモン大航海時代

ポルトガルと日本で見つけた
自分のための鱈腹《たらふく》レシピ23

2024年7月8日　初版第1刷発行

著者　馬田草織
発行者　多田敏男
発行所　TAC株式会社 出版事業部（TAC出版）
〒101-8383
東京都千代田区神田三崎町3-2-18
電話 03(5276)9492（営業）
FAX 03(5276)9674
印刷　株式会社 光邦
製本　株式会社 常川製本

ISBN978-4-300-11213-7
N.D.C.596